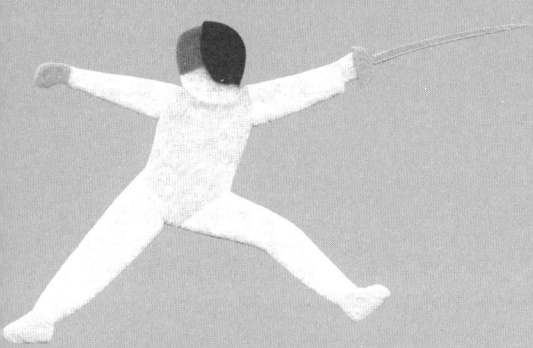

Dialogues authentiques du français actuel

CDブック 気持ちが伝わる!
フランス語
リアルフレーズ
BOOK

パトリス・ルロワ+國枝孝弘 [著]

研究社

はじめに

　パリのビストロの一角に陣取って、４杯目のコーヒーを飲みながら、カウンターに入れ替わり立ち替わり現れる様々な客の会話内容をこっそりと書き記す。それも３時間近く。若者、中年の人、果ては老人まで。怒りっぽい人、くつろいでいる人、怠け者、働き者、うざい人、はた迷惑な人、不平不満を連ねる人、面白い人、インテリ系など。とにかく何でもあり。退屈する暇は一切ない。そしてメトロでも同様に乗り継ぎを繰り返し、愚痴をこぼしたり、憤慨したり、更には口論したりしている人たちに耳を傾ける。もう興味津々！ちょっとした客同士の会話、客と店員、客とレジ係の間のやりとりを追跡し続ける。どんなブティックも、どんなスーパーの売り場も、無限のインスピレーション源に早変わり。いったい何のために？　と疑問に思われることでしょう。同胞を監視する悪趣味の持ち主なのか？　もちろん違います！　悪癖はそれなりに持ち合わせているものの、そういう類いの趣味にはまだ手を出していない。本音を漏らせば、一教育者として、全く同じモデルに沿って出版される数々の教科書を前に、無力にも見過ごすしかできないことに腹を立てているのです。型にはまったものが延々と羅列され、作り込まれすぎたがために、ありそうもないシチュエーションと非現実的な会話例…。

　この本とて、完成品であるとは謳いません！　全てを収めるには10倍のページ数が必要です。内容に関しても、時を経るとともに変化するもの。言語とは不変ではない。それこそが醍醐味！　しかしながら、本書に綴られている会話例の全てが著者の創作によるものだとしても、実際の現代言語を如実に表現していることは保証できます。ある種のメンタリティや一定の文化的側面を正確に反映しているため、信憑性の高さには疑いがありません。これらの会話例によって、フランス社会をよりよく把握できるだけでなく、言語そのものの理解も深まることでしょう。次に映画館を訪れる際には、字幕ともおさらばです。素晴らしい！

　では、よい読書を。そして何より楽しんでください！

　Assis à une table d'un petit bistro parisien, je bois mon quatrième café tout en transcrivant le plus discrètement possible ce que racontent les divers clients qui se succèdent au comptoir depuis maintenant près de trois heures. Des jeunes, des moins jeunes, des carrément vieux. Des grincheux, des détendus, des flemmards, des bosseurs, des emmerdeurs, des enquiquineuses, des éternels insatisfaits, des rigolos, des intellos ... bref du tout venant et je dois avouer que je ne m'ennuie absolument pas. Rebelote dans le métro, je passe de ligne en ligne et j'écoute les gens se plaindre, s'indigner voire s'engueuler. Passionnant ! Je persiste en traquant le moindre échange client-client, client-vendeur ou bien encore client-caissier/ère. Chaque boutique, chaque rayon de supermarché devient alors une source d'inspiration inépuisable. Pour quoi faire, me direz-vous ? Pour le malin plaisir d'espionner mes semblables ? Certainement pas ! J'ai des vices mais pas encore celui-là. Je suis en fait fatigué voire irrité, en tant que pédagogue, d'assister impuissant à la publication de tous ces manuels construits sur le même modèle, litanie de formes figées, de situations improbables et d'échanges oraux irréalistes car trop fabriqués.

Certes, ce nouveau livre n'est pas un produit fini ! Il m'aurait fallu dix fois plus de pages pour tout caser. Quant à son contenu, il évoluera certainement avec le temps. La langue n'est pas immuable. Encore heureux ! Je peux cependant vous garantir que, même si tous ces dialogues sont imaginés, ils sont parfaitement représentatifs d'une réalité linguistique contemporaine. Leur authenticité n'est pas douteuse dans la mesure où ils sont le fidèle reflet de traits précis de mentalité et de certains aspects culturels. Ils vous permettront non seulement de mieux appréhender la société française mais aussi d'améliorer votre compréhension de la langue. Et la prochaine fois que vous irez au ciné, croyez-moi, vous pourrez dire adieu aux sous-titres. Cool !

Alors, bonne lecture et surtout bon amusement !

Patrice Leroy

外国語を習ったら、すぐにでも話してみたいと、誰もが思うことでしょう。そして、せっかく話すならば、なるべく自然なことばで話したいですよね。

　では「自然なことば」とは何でしょうか？　それは、状況にふさわしいことば、そして自分の気持ちがきちんと反映されたことばです。

　本書では、そのために、単なるフレーズ集ではなく、具体的な状況がわかるように「会話」形式を採用しています。相手のことばに対して、どういうことばを返すのが自然なのか、簡単に想像できるようになっています。

　また、私たちがことばを使うときは、そのことばによって、さまざまな気持ちや感情を伝えます。感謝、怒りのような直接的なものから、皮肉やいやみのようなそれとなく伝えるものまで、私たちの言語活動はきわめて多岐にわたっています。基本フレーズには、そうしたさまざまな意図を込めて使えるものが多く選ばれています。さらに、フレーズはどれも短いものばかりですから、負担を感じずに覚えられると思います。ぜひ、自分のなかにこれらのフレーズをたくわえて、自分の気持ちを伝えてみましょう。

　加えて、本書では、同じフレーズが、違う会話の場面で再び出てくるように工夫がされています。学習したフレーズを、複数の場面で何度も目にすることで、きっと記憶が強化されることでしょう。

　今回の執筆にあたっては、パトリス・ルロワがシナリオを担当し、それに私が日本語訳と解説を付けました。ネイティブらしい表現はそのままに、理解のポイントがすんなりと頭に入ってくるよう、フランス語と日本語との対応を丁寧に解説しました。こうして二人三脚で作りあげた本書が、みなさんのフランス語を豊かにする一助となることを願ってやみません。

國枝孝弘

この本の使い方 ～より効果的な勉強方法～

　この本は9つの章に分けて、実際の会話でよく使われるフレーズを、語数の少ない順に配列しています。それぞれの項目は、次のような構成となっています。

　　1. 見出しフレーズ（フランス語、ルビ、日本語訳）
　　2. ダイアログ（フランス語、日本語訳）
　　3. 注釈

　どうやって勉強しようか？ という方のために、以下の勉強方法をご提案します。

Step 1: まずは見出しフレーズから
　見出しフレーズは、通常のテキストではなかなか見られない、しかし会話でよく耳にする表現を厳選しました。まずはひたすら見出しフレーズだけを見ていきましょう。短いフレーズをどんどん声に出して、覚えましょう。

Step 2: ダイアログ全体をチェック！
　対話例は、見出しフレーズを生かしたリアルなやりとりになっています。見出しの表現以外にも「これ、使える！」と思わせる便利な言い回しがたくさん隠れているので、あわせてチェック！

Step 3: 注釈をチェック！
　フランス語ならではの表現や、初めての単語に出会ったら、注釈を見たり、辞書を引いたりして確認してください。語句の意味や使い方、文のしくみを理解して、応用力を付けましょう。

Step 4: 索引で再確認
　巻末には、フランス語と日本語の見出しフレーズ一覧を載せた索引が付いています。それぞれ眺めながら、このフレーズはどう使うんだっけ？ 日本語訳は何だろう？ この日本語はフランス語でどう言うんだっけ？ と思い返してみてください。

Step 5: 置き換えできる余裕を
　見出しフレーズは、全体で固定表現として使うものもありますが、部分的にほかの語句と置き換えることができる場合もあります。とりあえずは「ま

る覚え」でもかまいませんが、余裕が出てきたら、主語を tu（君）から vous（あなた）にすると？　主語が男性でなく女性なら？　動詞の時制を変えると？　などと考えることも大切です。イメージをふくらませ、幅広い表現ができるようにしましょう。

本書で使われている記号

* 　ダイアログ日本語訳の *A：もしくは *B：の左側に付いている * は、それが女性のセリフであることを示しています。何も付いていない場合は男性のセリフです。

⇒ 　参照先の項目番号を示しています。例えば「⇒ 25 」となっている場合、見出しフレーズの 25 （p. 12 の Tu m'étonnes！；そりゃそうでしょ／当然だ！）を参照、という意味です。

発音と表記について

- ダイアログの中では、しばしば否定の ne が省略されています。フランス語の否定形は ne と pas の 2 つを使うのが原則ですが、話し言葉では、頻繁に ne が省略されるためです。例：Je ne crois pas. → Je crois pas.

- 話し言葉ではしばしば、非人称表現の il「イル」の音が「イ」になったり、完全に省略されることがあります。本書ではそれにあわせて、Il y a... を Y a... と、Il faut... を Faut... などと表記している場合があります。

- 見出しフレーズには、発音の目安としてカタカナルビを併記しています。ただし、カタカナではうまく表せないフランス語の発音もありますので、実際の発音は CD またはダウンロード音声でご確認ください。

CD について

付属 CD には、Chapitre 1 から Chapitre 7 までの

    1. 見出しフレーズの日本語訳
    2. フランス語の対話例

が入っています。Chapitre 8, 9 の音声データ (MP3) は、研究社 HP (http://www.kenkyusha.co.jp/) より、無料でダウンロードできます。

　CD のトラック番号 (および MP3 データのファイル番号) は、見開き 2 ページごとに偶数ページの左端に表示していますので、ご参照ください。

　収録されている音声は、ナチュラルスピードの標準的なフランス語です。繰り返し聞いて、リスニング力を鍛えましょう。

　実際に声に出して発音練習することも非常に大切です。テキストを見ながら CD 音声とほぼ同時に声に出して読んだり、シャドーイングをしたりなど、CD のまねをしながら練習してみましょう。速くてついていけない場合は、適宜 CD を一時停止してもかまいません。自分のペースで音読してください。より正しい発音でのトレーニングは、リスニング力向上にもつながります。

　ほかにも、口述筆記の練習をしたり (ディクテーション)、様々な方法で活用してみましょう。そして、実際の会話の場面でスムーズに口をついて出れば、そのフレーズが自分のものとなったと言えるでしょう。

[CD ナレーション]
Patrice Leroy (フランス教育省所属、慶應義塾大学訪問講師。NHK「テレビでフランス語」「まいにちフランス語」に講師として出演)
Miyû Mitake (日・仏・英の通訳、翻訳家。フランス語教材のナレーションも多数行っている)
鈴木加奈子 (元静岡第一テレビアナウンサー。現在はナレーター・MC として活動するほか、大学で留学生の日本語指導にあたる)

[CD 収録時間] 78 分 53 秒

※なお、ご使用の機器によっては、付属 CD がうまく再生されない場合もございます。あらかじめご了承ください。

TABLE DES MATIÈRES

はじめに……………………………………… iii
この本の使い方……………………………… vi
本書で使われている記号…………………… vii
発音と表記について ………………………… vii
CD について………………………………… viii

Chapitre 1　ベーシックフレーズ……………………… 1
Chapitre 2　喜怒哀楽フレーズ………………………… 35
Chapitre 3　意見・主張フレーズ……………………… 59
Chapitre 4　日常生活フレーズ………………………… 93
Chapitre 5　お願い・命令フレーズ…………………… 115
Chapitre 6　遊び・食事フレーズ……………………… 129
Chapitre 7　ビジネスフレーズ………………………… 149
Chapitre 8　恋愛フレーズ……………………………… 167
Chapitre 9　熟語・慣用句フレーズ…………………… 181

フランス語索引………………………………205
日本語索引……………………………………210

Chapitre 1
ベーシックフレーズ

あいづちや受け答え、基本のあいさつなど、
どんな場面でも使える、短くて便利なフレーズを集めました。
コミュニケーションの始まりは、簡単な言葉のやりとりから。

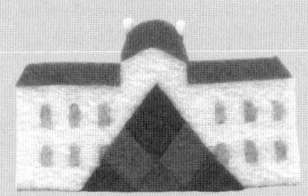

1 Tenez,
[トゥネ]

▶ さあ／ほら

A : **Tenez**, je vous ramène cet aspirateur, il ne marche plus !
B : Il est encore sous garantie ?

*A：これなんですけど、この掃除機を返品したいんですが、動かなくなったので。
B：まだ保証期間内ですか？

★tenez は、相手に物を差し出したり、注意を喚起したりする際に使われる。tu に対応する形は tiens で、こちらは驚きを表す際にも用いる。

★marcher には「歩く」のほかに、「(物が) きちんと動く」という意味もある。

★garantie：保証。「保証期間内で」と言うときの前置詞は sous (下に) を使う。

2 Promis !
[プロミ]

▶ 約束だよ！

A : Grâce à toi, j'ai passé une super soirée. On reste en contact, hein ?
B : **Promis !** Mais là, il faut vraiment que j'y aille.

A：おかげで、とってもいいパーティだったよ。また連絡取り合おうよ。
*B：そうだね！ でも本当にそろそろ行かないと。

★grâce à ...：～のおかげで。ポジティブな原因のときに使う。

★On reste en contact. は「私たちは連絡を取り合う状態でずっといよう」。rester は「ずっとその状態でいる」という意味。

★promettre：約束する。過去分詞の Promis ! で「約束するよ」の意味。

3 décidément
[デスィデマン]

▶ やっぱり／まったく

A : **Décidément**, c'est toujours aussi nul, les émissions de variétés sur TF1 !
B : Tu m'étonnes !

A：まったく、相変わらずつまらないなあ、TF1 のバラエティ番組は！
*B：そりゃそうでしょ！

★décidément は「確かに、やっぱり」の意味だが、特にネガティブなことを予想し、その通りになったときに使う。文頭に置かれ、続く文の内容を強調する。

★Tu m'étonnes.：そりゃそうだろう、当然だ。直訳は「あなたは私を驚かせる」だが、実際には逆の意味で使われる、皮肉を込めた表現 (⇒ 25)。

4 justement
[ジュストゥマン]
▶ まさに

A : Michelle est une fille formidable ! Toujours prête à rendre service.
B : **Justement**, moi, je la sens pas. Je lui fais pas confiance.

　　A：ミッシェルは素晴らしい女の子だね。何でも手伝ってくれようとするし。
　*B：それがね、私にはそんな感じがしないの。彼女のことは信用してないよ。

★rendre service à ... : ～の役に立つ。
★justement：まさに、ちょうど。会話では、「まさにそのことなんだけど、まさにそのとおりだ」のように、相手の発言を受けて、間投詞のように使われる。
★faire confiance à ... : ～を信用する。confiance の前には冠詞を付けない。

5 dis-donc
[ディドンク]
▶ ねえ／ちょっと／まったく！

A : **Dis-donc**, ça chauffe chez le voisin !
B : Arrête d'écouter aux murs ! Ça se fait pas.

　　A：ちょっと、お隣さん、盛り上がってきたぞ！
　*B：壁に耳を当てて聞くなんてやめなよ。そんなことしちゃだめでしょ。

★dis-donc は相手の注意をひいたり、驚きを表す際に、間投詞のように使われる。
★Ça chauffe. は「(けんかなどで) だんだん熱を帯びてくる」状態を指して使う。chauffer は「熱くなる」。
★Ça (ne) se fait pas. の直訳は「それはされない」だが、「そんなことはするものではない」という禁止のニュアンスを帯びる。

6 au fait
[オ フェトゥ]
▶ ところで

A : **Au fait** tu es croyant ?
B : Ouais, un peu. En fait, je suis catho non pratiquant comme beaucoup de Français.

　*A：ところで、あなたは信者？
　　B：うん、少しはね。カトリック信者だけど、でも教会には行ってない。ほかの多くのフランス人と同じだよ。

★au fait：ところで。話題を変えるときに使う。en fait は「実際は、実は」。
★catho は catholique (カトリック教徒) の略。ちなみに「仏教徒」は bouddhiste。
★pratiquant は、ミサに行くなど、宗教上の務めを実践している信者のこと。

CHAPITRE 1

7 A demain !
[ア ドゥマン]
▶ また明日！

A : Salut tout le monde ! **A demain !** Nadine, je te dépose ?
B : Non, j'ai encore plein de trucs à faire : déposer ces chèques à la banque, passer plusieurs coups de fil, etc.

　A : みんな、じゃあね、また明日！ ナディヌ、どこかで降ろしてあげようか？
*B : 大丈夫、まだやらなきゃいけないことが結構あるから。銀行に小切手預けたり、何本も電話したり…

★〈à + 時の表現〉で、「そのときにね」という意味になる。例：A lundi !（月曜日に !）/ A la semaine prochaine !（また来週 !）

★déposer は「(物を)置く；(人を)降ろす、(車でどこかまで)送る；(物・お金を)預ける」などの意味を表す。

★plein de + 無冠詞名詞：たくさんの〜。文法的には beaucoup de ... だが、意味が似ているので、くだけた表現では plein がよく使われる。

★truc は「こと、もの」を意味するくだけた語。〈avoir + 名詞 + à + 不定詞〉で「…すべき〜がある」という言い回し。

★coup de fil はくだけた表現で「(一本の)電話 (= coup de téléphone)」(⇒ 287)。

8 Tu sais,
[テュ セ]
▶ ねえ／ほら／えっと

A : Pour moi, en été, il n'y a rien de meilleur qu'une bonne bière avec des "edamame", **tu sais,** ces espèces d'haricots japonais.
B : Ah oui ? Moi, tu vois, j'aurais plutôt un faible pour un petit verre de rosé bien frais avec quelques rondelles de saucisson.

　A : 僕には、夏はビールと枝豆、ほら、日本の大豆の一種のことだけど、この組み合わせほどいいものはないよ。
*B : そう？ 私は、サラミの輪切りと、きりっと冷えたロゼワインが1杯あったら、もうたまらないな。

★Il n'y a rien de meilleur que ... : 〜よりよいものは何もない。比較形を使った強調表現。rien に形容詞を付けるときには間に de を入れる。

★tu sais の直訳は「あなたは知っている」だが、相手の注意をひいたり、念を押したりする際に、会話で頻繁に使われる。tu vois も同様によく使われる。

★avoir un faible pour ... : (弱みになるほど)〜に目がない。特に食べ物について使われる。J'ai un faible pour l'alcool. は「お酒の誘惑に弱い（＝お酒が大好きだ）」。「私はお酒に弱い（＝すぐ酔う）」は Je ne supporte [tiens] pas l'alcool. (⇒ 230)。

9 Dis-moi,
[ディ モワ]
▶ ねえ

A : **Dis-moi,** Julie, t'aurais une minute ?
B : Là tout de suite, non ! Tu peux repasser dans un petit quart d'heure ?

　　A：ねえ、ジュリ。少しでいいから時間ない？
　*B：そうね、今すぐは無理！ 15分くらいしたらもう一度顔出してくれる？

★dis-moi の直訳は「私に言って」。親しい相手に話しかけるときに使う。vous で話す相手に対しては dites-moi.

★T'aurais (=Tu aurais) une minute ? は「もしかして1分でも時間ある？」という意味。avoir の条件法が使われることで、「ひょっとして」のニュアンスが出て、控えめな印象になる。例：T'aurais pas des lingettes spécial toilettes ?（トイレ用のウエットティッシュあったっけ？）

★un quart d'heure は「1時間の4分の1＝15分」。日常会話では quinze minutes の代わりにこの言い方がよく使われる。「30分」も demi（2分の1）を使って une demi-heure と言うことが多い。

10 T'as raison.
[タ レゾン]
▶ 確かに／そのとおり。

A : Vous ne pouvez pas continuer indéfiniment à vous mettre des tas de crédits sur le dos. C'est insensé !
B : Oui, je sais, **t'as raison.** Mais on n'y peut rien, dès qu'on voit un nouveau modèle de voiture, Julie et moi, on craque.

　*A：無制限にローンを抱え込むことはできないんだし。常識はずれよ！
　　B：うん、わかってる。確かに。でもどうしようもないんだ！ 新型モデルの車が出ると、ジュリと僕は、どうしてもほしくなるんだ。

★se mettre ... sur le dos は「自分の背中に～を背負う」→「～を抱え込む」。

★avoir raison：正しい。冠詞なしで使う。反対は avoir tort（間違っている）。

★On n'y peut rien.：どうしようもない、それについて何もできない（⇒ 57 ）。

★craquer は「ぽきっと折れる」という意味だが、くだけた使い方で「ほしいもの・好きなものを前にして誘惑に負ける」となる。

CHAPITRE 1

11 Crois-moi.
[クロワ モワ]
▶ **本当だよ。**

A : Je trouve que Jules est très affecté par son divorce.
B : C'est possible mais j'ai dîné avec lui hier soir et **crois-moi,** il n'en laisse rien paraître.

*A : ジュールは離婚してからかなり落ち込んでるね。
 B : そうかも。でも昨日の夜に一緒に食事したんだけど、そんなそぶりは全然見せなかったよ、本当に。

★Crois-moi. の直訳は「私を信じて」。「自分の言っていることは本当だ」という気持ちを表す。vous で話す相手に対しては、Croyez-moi. となる。

★laisser paraître ... :（特に感情を）表す。ここでは否定で「感情を全く表さない」。

12 Très juste !
[トゥレ ジュストゥ]
▶ **そのとおり！**

A : Ma conclusion est que l'on peut parfaitement se passer du nucléaire !
B : **Très juste !** Nous devons seulement lutter contre les lobbies !

*A : 私の結論は、原子力は全廃できるということです！
 B : そのとおり！ あとはロビー活動に対抗するだけだ。

★se passer de ... :〜なしですます。

★Très juste. は、相手の意見に同意するときの簡潔な表現。C'est juste. や単に Juste. とも言う。

13 Pourquoi pas ?
[プルクワ パ]
▶ **いいね。**

A : J'irais bien faire une balade du côté des Buttes-Chaumont.
B : Tiens, oui. **Pourquoi pas ?** Ça changera du Luxembourg.

 A : ビュット・ショーモンのほうに散歩に行ってみようかな。
*B : あ、うん。いいね。リュクサンブールとは雰囲気も違うし。

★J'irais bien ... は aller の条件法。仮のこととして話している。

★Pourquoi pas ? は直訳すると「なぜそうしない?」だが、「それがいいよ、そうしようか」と、軽く賛成を伝えるときによく使う。

14 T'as vu ?
[タ ヴュ]

▶ でしょ？／ほらね。

A : Je suis impressionné par les connaissances d'Eva en psychologie.
B : **T'as vu ?** Elle en connaît un rayon. Et en plus, c'est même pas son boulot !

　A：エヴァの心理学の知識には感動したよ。
*B：でしょ？　彼女、その分野は本当に詳しいよね。しかも、仕事でやってるわけじゃないんだから、なおのことすごいよ。

★T'as vu ? は、相手の理解を確認したり、注意をひいたりする際に使われる。

★en connaître un rayon：その分野に詳しい。rayon は「売り場」だが、くだけた表現で「得意分野」を指す。

15 au juste
[オ ジュストゥ]

▶ 実際のところ

A : J'ai bien réfléchi mais je crois que je vais divorcer d'Emma.
B : Je te comprends pas ! Qu'est-ce que tu lui reproches, **au juste** ?

　A：よく考えたんだけど、エマと離婚しようと思う。
*B：わけわからない！　彼女のどこに文句があるの？　言ってみなさいよ。

★divorcer de [avec, d'avec] ＋ 人：〜と離婚する。
★Je te comprends pas. は「あなたという人が理解できない」。
★au juste は「実際のところ、正確なところ（を言ってみなさい）」という意味で、疑問文や否定文と一緒に使う。

16 Pas grand-chose.
[パ グランショーズ]

▶ どうしようもない。

A : Sophie, le distributeur a avalé ma carte. Qu'est-ce qu'on peut faire ?
B : **Pas grand-chose.** Viens, on va expliquer ça à l'intérieur de l'agence.

　A：ソフィー、機械からカードが出てこなくなっちゃった。どうしたらいい？
*B：どうしようもない。ほら行くよ、銀行の中の人に事情を説明しよう。

★avaler：飲み込む。挿入したカードが機械から出てこなくなったときは、「機械がカードを飲み込んだ」と表現する。

★grand-chose（大したこと）は、pas grand-chose と否定形だけで用いられ、ここでは「（できることは）ほとんど何もない」→「どうしようもない」となっている。

17 Ça dépend.
[サ デパン]

▶ 場合による。

A : Pardon mais ça prend combien de temps à partir d'ici pour aller jusqu'au musée Grévin ?

B : **Ça dépend !** Vous êtes à pied ou en voiture ?

　A : すみません、ここからグレヴァン蝋人形館までどのくらいかかりますか？
　*B : 何で行くかによりますね！ 徒歩ですか、車ですか？

★prendre: 時間がかかる。主語の ça は「道のり」を漠然と指している。

★musée: 美術館、博物館。

★Ça dépend. は「それは場合による」。ここでは「交通手段次第だ」ということを表す。具体的に示すときは、de を伴い dépendre de ...（〜次第だ）とする。

★移動手段を表すときは voiture（車）、train（電車）、avion（飛行機）などの乗り物には en を、徒歩や自転車のように自分自身が手段となるときは à を用いる。

18 C'est tout.
[セ トゥ]

▶ それだけだ／それで全てだ。

A : Pourquoi t'as dit à ma mère que sa bûche était mieux réussie que moi ?

B : Pourquoi tu prends toujours tout mal ? C'était pour la flatter, **c'est tout.** T'as vraiment pas d'humour !

　A : なんでうちの母親に、母親のクリスマスケーキは僕以上の成功作だ、なんて言うんだよ？
　*B : なんでいつも何でも悪くとるの？ お母さんへのお世辞よ。それだけ。ほんとにユーモアのわからない人ね！

★bûche は bûche de Noël の略。直訳すると「クリスマスの薪」だが、クリスマスに食べる薪の形をしたケーキのこと。

★mieux réussi(e) で「よりよくできた」。mieux は bien の優等比較級。

★prendre は具体的に「ものを取り上げる」から、抽象的に「ある事柄を解釈する」まで、広い意味を持つ。

★C'est tout.（それで全てだ）は、話を終わらせるときに使う。会議などで「ほかに何かありますか？」と言うときは C'est tout ? と尋ねる。

★humour: ユーモア。「ある量のユーモア」と考えて、普通は部分冠詞 (de l') を使う。
例: C'était de l'humour !（ジョークだったのに！）

19 Point barre !
[ポワン バール]
▶ **話は終わりだ／以上。**

A : Pourquoi tu ne veux pas lui rendre son bouquin ?
B : J'ai pas de compte à te rendre, ni à personne d'ailleurs. J'ai mes raisons, **point barre.**

　A：なんで彼に本を返さないの？
*B：あなたに説明する必要ないでしょ。だいたい誰に説明する必要だってない。こっちにはこっちの理由があるの。それだけ。

★rendre compte(s) à + 人：〜に説明する。J'ai pas de compte(s) à te rendre. は、「あなたにすべき説明は何もない」という意味。
★Point barre.：それだけだ、話は以上だ。タイプライターやコンピュータのキーボードで point（ピリオド）と barre (d'espace)（スペースバー）を用いて文を終わらせるところから生まれたとされる表現。「もうたくさんだ！」と、怒りを込めて話を切り上げるときの文句。

20 Et alors ?
[エ アロール]
▶ **だから何？**

A : Une fois de plus, j'avais raison. Les chiffres du chômage sont très mauvais.
B : **Et alors ?** Ça change quoi que tu aies raison ?

　A：またまた、僕の言ったとおりだ。失業者数が悪化しているね。
*B：だから？ あなたが正しいからって、何が変わるわけ？

★une fois de plus：また今回も。〈数量表現 + de plus〉は「〜だけプラスして」という意味なので、「(前回に加えて)もう一回プラス」が直訳。
★Et alors ? は「だからどうだって言うの？」と、相手の言っていることを取り合わない、あるいは興味がないという醒めた態度を表すのに使う。

21 C'est obligé.
[セ オブリジェ]

▶ **当然だよ。**

A : Hier, on m'a retiré mon permis de conduire.
B : Vu comment tu conduis, **c'est obligé.** On se demande même comment t'as fait pour le garder jusqu'à maintenant.

　A : 昨日、免許証取り上げられたよ。
*B : 運転の仕方を見てたら、当然でしょ。なぜ今まで持っていられたか、むしろそっちのほうが疑問。

★retirer: 取り上げる、奪う。「〜される」という受け身の意味は、フランス語では on を主語にして能動態で表すことがある。retirer も〈on retire + もの + à + 人〉(人からものを取り上げる) の構文を使う。

★C'est obligé. は、決まり文句で「それは当然だ」。また、〈être obligé(e) de + 不定詞〉は「〜しなくてはならない」。

22 Tu parles !
[テュ パルル]

▶ **何言ってるの！**

A : J'ai l'impression qu'il y a une sacrée opposition en ce moment entre le directeur et le DRH, non ?
B : **Tu parles !** Ils sont la main dans la main ! Tu es d'une naïveté par moments !

　A : 社長と人事部長の間に、かなりの対立があるように思うんだけど。
*B : 何言ってるの！ 彼らは手を結んでいるのよ。ときどき世の中わかってないようなこと言うね！

★DRH は directeur [directrice] des ressources humaines の略で「人事部長」。ressources humaines は「人的資源、人事部門」という意味。

★Tu parles. の直訳は「あなたは話している」だが、実際は「何言ってるんだか」と相手の発言を否定するために使う。vous の関係にはない、くだけた使い方。

★Ils sont (la) main dans la main. の直訳は「彼らは手に手を取り合っている」。特にグルになっているときに使われる。

★naïveté は日本語の「ナイーブさ (=繊細で傷つきやすいこと)」ではなく、単純で信じやすく、世間知らずのお人好しという否定的なイメージ。形容詞形は naïf [naïve]。

23 comme quoi
[コム クワ]

▶ やっぱり

A : La bêtise est certainement la chose la mieux partagée au monde !
B : J'allais dire exactement la même chose ! **Comme quoi,** les grands esprits se rencontrent toujours.

*A：愚かさこそ、おそらく世界共通のものだと思う。
 B：まさに同じこと言おうとしてたんだ。やっぱり、偉大な人間同士は考えも一致するね。

★comme quoi：やはり。前の文を受けて、言えることを続けるときに文頭に置く表現。

★Les grands esprits se rencontrent toujours.（優れた人間同士は考えが一致する）は、相手と同じことを考えていたり、言ったりしたときに、多少のユーモアを込めて言うことわざ。

24 sans rire
[サン リール]

▶ 冗談抜きで

A : **Sans rire,** t'as vraiment décidé de tout plaquer, ton mec, tes gosses et ton boulot pour partir vivre en Australie ?
B : Mais non ! Je dis ça sous le coup de la colère ou de la fatigue. J'en pense pas un mot !

 A：冗談抜きで、本当に、男も子供も仕事も全部投げうって、オーストラリアで生活するの？
*B：まさか！ 疲れてたし、怒ったはずみで言っただけ。全然そんなこと思ってない！

★rireは「笑う」だが、「冗談を言う」という意味もある。sans rireで、「冗談を言うことなしで」。

★sous le coup de ...：〜の影響で。

CHAPITRE 1　11

25 Tu m'étonnes !
[テュ メトヌ]
▶ そりゃそうでしょ／当然だよ！

A : J'ai rencontré José, ce matin, et je peux te dire qu'il avait pas bonne mine.

B : **Tu m'étonnes !** Vu tout ce qu'il fume, il a déjà un pied dans la tombe.

*A：今朝、ジョゼにばったり会ったんだけど、顔色がよくなかったよ。
B：そりゃそうだ！ 彼のあのタバコの吸い方から言って、すでに片足棺桶に突っ込んでるよ。

★「顔」には visage, face などの単語があるが、健康状態を表す「顔色」の場合には mine を使う。「顔色が悪い」は avoir mauvaise mine とも言える。

★Tu m'étonnes. の直訳は「あなたは私を驚かせる」だが、実際には逆の意味で使われる。皮肉混じりの反語表現。

★avoir (déjà) un pied dans la tombe：棺桶に片足を突っ込んでいる。tombe は「墓」。

26 Sans problème !
[サン プロブレム]
▶ いいよ／問題なし！

A : Tu pourras te libérer assez tôt du boulot vendredi soir pour venir dîner à la maison ?

B : Oui, oui. **Sans problème !** Je vais m'arranger avec Sylvain pour qu'il me remplace à la réunion. Avec tout ce que je fais pour lui, il me doit bien ça !

*A：金曜の夜、早く仕事を切り上げて、家にご飯食べに来られる？
B：うん、うん、いいよ！ スィルヴァンと相談して、彼に会議を代わってもらうようにするよ。彼にはいろいろしてあげてて、貸しがあるからね！

★boulot：仕事。くだけた表現。
★devoir ... à + 人：人に〜を負っている、借りがある。

27 Je m'excuse.
[ジュ メクスキューズ]

▶ すみません。

A : Oh, oh! **Je m'excuse** mais c'est ma coupe de Champagne que tu bois, là!

B : Oh pardon, je l'ai pas fait exprès.

　　*A : ちょっと、すみませんけど、あなたの飲んでるシャンパングラス、私のです。
　　 B : あ、ごめんなさい。わざとじゃないんです。

★Je m'excuse. は、くだけた謝罪表現。s'excuser は本来「自分を許す」という意味なので、Excusez-moi. / Excuse-moi. を使うのが正しいとされる。

★Je l'ai pas fait exprès. は「私はそれをわざとしたのではない、悪気はない」。開き直りに聞こえるが、謝る場面でよく聞く表現。

28 Première nouvelle !
[プルミィエール ヌヴェル]

▶ 初耳！

A : Tu connais pas la dernière ? Il paraît que notre service va être restructuré.

B : **Première nouvelle !** Et pourquoi on est les derniers informés alors qu'on est quand même les premiers concernés, non ?

　　A : 最新の情報、知らないの？　僕たちの部門は再編成されるらしいよ。
　　*B : 初耳！　なんで一番に関係する私たちが、知るのが一番遅いわけ？

★dernier は名詞の前で「最後の；最新の」。la dernière (nouvelle) で「最新情報」。
★première nouvelle は「最初の知らせ」→「初耳」となる。
★informé は「知らせを受けた人」。concerné は「関わりのある人」。

29 Ça m'étonnerait.
[サ メトヌレ]

▶ まさか／ありえない。

A : Patrice m'a promis de me rembourser après-demain.

B : Ça, **ça m'étonnerait.** Tu le connais pas encore ?

　　A : パトリスが明後日、お金返すって約束してくれたよ。
　　*B : ありえない。パトリスがどんな男か、まだわかってないの？

★Ça m'étonnerait. は étonner（驚かす）の条件法現在で、「もしそれが本当だったら私を驚かせるだろうに」→「でも本当ではないから驚かない」→「まさか」と相手の言うことを否定する表現となる。

CHAPITRE 1　13

30 Aucune idée.
[オキュニデ]

▶ さっぱりわからない。

A : Tout à l'heure, je me demandais quel film ils passaient cette semaine au ciné du coin. Tu le sais, toi ?

B : Alors là, **aucune idée !** Je n'en ai vraiment pas la moindre idée !

A：角の映画館で今週どんな映画がかかってるんだろうって、さっき思ったんだけど、知ってる？
*B：そんなの知らない。全く知らない。

★Aucune idée. は「何の心当たりもない」という強い否定。Je n'en ai vraiment pas la moindre idée. は、la moindre idée (最も少ない心あたり) さえも ne ... vraiment pas (本当に~ない) とさらに強調した表現。

31 Absolument pas.
[アプソリュマン パ]

▶ 絶対に違う。

A : C'est toi qui as mangé la dernière crème brûlée qui était au frigo ?

B : Non, **absolument pas.** C'est pas dans mes habitudes de finir un truc sans rien dire.

A：冷蔵庫に入ってた最後のクレーム・ブリュレ、食べたのはお前？
*B：絶対違う。何にも言わずに最後の1個に手をつけるなんて、したことない。

★absolument：絶対に。Absolument pas. は non より強く否定するときに用いる。ちなみに、pas absolument の場合は部分否定を表し「必ずしも~でない」。

★truc はくだけた表現で「もの、こと」を表す。

32 Et basta !
[エ バスタ]

▶ それで十分！

A : Je me demande bien ce que je vais faire à dîner demain soir pour tes parents.

B : Tu t'embêtes bien pour rien. Fais-leur des surgelés **et basta !**

A：明日の夜、ご両親のために夕食、何を用意したらいいかな。
*B：そんなことで心配してるのね。冷凍食品出せば、それで十分。

★s'embêter は「心配する」。pour rien は「何でもないことで」。

★basta はもともとイタリア語だが、フランス語でも「もう十分」と会話を終わらせるときや、「もうたくさん！」とうんざりした気持ちを込めて使われる。

33 Tu sais quoi ?
[テュ セ クワ]
▶ あのね。

A : **Tu sais quoi ?** Je viens de voir Hervé dans la rue en bas !
B : Mais c'est pas possible ! Il habite plus dans le quartier depuis deux ans.

　A：ねえ、今、下の道でエルヴェを見たよ！
＊B：ありえない。もう2年前からこの近所には住んでないよ。

★Tu sais quoi ? の直訳は「あなたは何を知っている？」だが、相手に話しかける際に注意をひくときの表現。
★en bas（下の）とあるのは、現在話しているのが、例えばマンションの2階以上の場所のため。

34 Rien à dire !
[リアナ ディール]
▶ 言うことなし！

A : C'était bon comme resto, non ?
B : **Rien à dire !** C'était parfait !

＊A：このレストラン、おいしかったんじゃない？
　B：言うことなし！ 完璧だった！

★Ce restaurant était bon. と言う代わりに、会話でよく用いられるのが〈C'est＋形容詞＋comme＋名詞〉という言い方。例えば Cette histoire est drôle. と言う代わりに C'est drôle comme histoire.（おかしな話だね）と言う。
★Rien à dire. は「言うべきことは何もない」→「言うことない、完璧だ」という表現。

35 Ça me convient.
[サ ム コンヴィアン]
▶ 都合がいい。

A : On s'est tous donné rendez-vous à 20H30 au métro Vavin. Ça te va ?
B : **Ça me convient** parfaitement. J'y serai.

＊A：みんな地下鉄のヴァヴァン駅に20時半に集まる予定なんだけど。どう？
　B：大丈夫だよ。問題なし。そこに行くよ。

★rendez-vous：待ち合わせ、約束。se donner rendez-vous で「待ち合わせをする」。
★Ça me convient. は「それは私にとって都合がよい」。何かを決める際の、承諾の表現としてよく使われる。不定詞は convenir（都合がよい）。

CHAPITRE 1

36 de toute façon
[ドゥ トゥトゥ ファソン]
▶ いずれにしても／とにかく

A : Comme Fred pouvait pas, il m'a demandé. Et c'est pour ça que je suis allé chez euh … Stéphane. Tu comprends ?
B : C'est pas très clair ce que tu dis. **De toute façon**, t'es jamais clair.

　A : フレッドがだめってことで、僕に頼んできたんだ。だから、ステファンヌのところに行ったんだよ。わかるよね？
*B : 何言ってるか、よくわからない。だいたい、あなたはいつもはっきりしないよね。

★clair(e)（明るい）には、説明や考えが「明快だ」という意味もある。「それははっきりしない」と判断を先に言って、後に内容（ce que tu dis = あなたの言っていること）を続けている。会話ではよくある順序。

★de toute(s) façon(s)：いずれにせよ、とにかく、どっちにしたって。話を締めくくるときの表現。

37 J'y crois pas !
[ジ クロワ パ]
▶ 信じられない。

A : J'ai l'impression que ça fuit encore sous la baignoire.
B : **J'y crois pas !** Ça fait trois fois qu'on fait venir le plombier. Il est pas capable de réparer une bonne fois pour toutes ?

　A : 浴槽の下からまた水漏れしている感じだよ。
*B : 信じられない。もう3回も修理に来てもらってるのに。きちんと修理できないのかなあ？

★croire（信じる、思う）の使い方に注意したい。Je (ne) crois pas. ならば「そう思わない」だが、Je n'y crois pas. / J'y crois pas. は「信じられない」の意味。croire à ... は「～を信じる、ありそうなことだと思う」。

★une bonne fois pour toutes は「この1回限り」という意味で、1回だけなので「きちんと、決定的に」という意味になる。

38 Et pourquoi donc ?
[エ プルクワ ドンク]
▶ いったいなんで？

A : Tu pourrais me remplacer demain ? Ça m'arrangerait bien.
B : **Et pourquoi donc ?** Tu te souviens l'autre fois, quand je t'ai demandé de m'aider ? La solidarité, c'est pas à sens unique. Alors, je m'excuse mais tu peux toujours courir.

　A：明日代わってくれない？ そしたら助かるんだけど。
*B：いったいなんで？ 前に私が「手伝って」って頼んだときのこと覚えてる？ 連帯感って一方通行のものじゃないんだよ。悪いけど、頼まれても無理だからね。

★Et pourquoi donc ? は、単に理由を尋ねると言うより、相手の主張への拒否の気持ちがこもっている。
★Tu peux toujours courir. は「あなたはずっと走っていればよい」だが、「走っていても、願いはかなえられない」というニュアンスで使う。同じ意味で、Tu peux toujours rêver.（ずっと夢でも見ていれば）もある。

39 C'est pas grave.
[セ パ グラーヴ]
▶ 大したことないよ／大丈夫。

A : T'as perdu ton bonnet ? Et alors, **c'est pas grave**, non ?
B : Pour toi peut-être, mais pour moi si. J'y étais très attachée !

　A：帽子なくしたの？ そんな、大したことないでしょ？
*B：あなたにとってはそうかもしれないけど、私にとっては違う。思い入れがあったんだから。

★C'est pas grave.：大したことはない、平気だ。例えば謝られたときに、「大丈夫、大丈夫」というニュアンスでも使える。なお grave 自体は、「（病気・けがなどが）深刻な、重大な」という意味を表す。例：C'est grave docteur ?（深刻ですか、先生？）
★否定を打ち消して肯定で答えるときには si を使う。ここでは C'est pas grave ?（大したことじゃないでしょ？）という否定疑問文に pour moi si と肯定で答えているので、「そんなことはない、私にとっては重大だ」となる。

CHAPITRE 1

40 Merci pour tout !
[メルスィ プル トゥ]
▶ いろいろありがとう！

A : Bonne chance et n'oublie pas que tu peux revenir quand tu veux !
B : Merci ! **Merci pour tout !**

　A : 幸運を祈ってるよ！ いつでも好きなときにまた戻ってきなさい！
*B : ありがとう！ いろいろありがとう。

★N'oublie pas que ... : 〜を忘れるな。N'oublie pas que tu peux revenir quand tu veux. は、「好きなときに戻ってきていいということを忘れないでね」という意味で、例えばホームステイ先のファミリーが別れの場面で言う。

★単に「ありがとう」だけではなく、いろいろよくしてもらったことへの感謝を表すために pour tout ((あなたがしてくれた) 全てのことに対して) を加えると、より感謝の気持ちが強まる。

41 C'est très gentil.
[セ トゥレ ジャンティ]
▶ ご親切にありがとうございます。

A : Vous reprendrez bien un petit café avant de partir ?
B : Non, **c'est très gentil !** Mais il faut que j'y aille !

　A : 行く前にもう少しコーヒーをいかがですか？
*B : ありがとうございます。でも結構です。もう行かないと！

★reprendre：もう少し食べる[飲む]、お代わりする。Vous reprendrez ... ? と単純未来形にすることで丁寧な印象を与える。

★petit：ちょっと、ちょっとした。「ちょっとコーヒーでも」の「ちょっと」は、フランス語では形容詞の petit を使うことが多い。例えば、un petit mot (ちょっと一言)、un petit problème (ちょっとした問題) など。

★C'est très gentil. (ご親切にどうも) は相手に感謝を表す丁寧な表現。

★Il faut que ... : 〜しなければならない。ほかに、「必ず〜する」という意味もあり、その場合にはよく toujours を添えて使われる。例：Il faut toujours que tu exagères tout !（あなたはいつだって大げさなんだから！）

42 Quoi de neuf ?
[クワ ドゥ ヌフ]

CHECK✓

▶ 何かあった？

A : Salut les fous de travail ! Alors **quoi de neuf** depuis la semaine dernière ?
B : Bof, rien de spécial ! A part que certains bossent alors que d'autres n'en fichent pas lourd. Mais ça, c'est pas nouveau.

　A : やあ、みんなバカに熱心に仕事してるね！　先週から何か変わったことはあった？
＊B : 特に何も。ちゃんと働いている人もいれば、何にもしない人もいるってことぐらいかな。ああ、でもこれはよくあることね。

★Quoi de neuf ?（何か新しいことはあった？）は、親しい間柄であいさつ代わりに使われる表現。

★n'en pas ficher lourd は「何もしない」というくだけた表現。ne rien foutre という言い方もある。ficher も foutre も、faire の代わりに使われるくだけた語。

★C'est pas nouveau.: それはいつものことだ、よくあることだ（⇒ 142 ）。

43 Je te jure !
[ジュ トゥ ジュール]

CHECK✓

▶ 本当だってば！

A : Tu le fais exprès d'avoir des notes aussi nulles en maths ?
B : Mais non Papa, **je te jure** ! J'ai beau faire des efforts, ça rentre pas !

　A : 数学でこんなひどい点数をとるなんて、わざとやってるの？
＊B : そんなことないよ、パパ、本当に！　努力はしてるんだけど、頭に入ってこないの！

★faire exprès de + 不定詞: 故意に〜する（⇒ 139 ）。

★Je te jure.（私はあなたに誓う）は、相手に「自分の言っていることは本当だ」と訴えるときに使う。

★avoir beau + 不定詞: 〜にもかかわらず、〜しても無駄である。

★faire des efforts: 努力する、がんばる。

★rentrer（戻る）は、しばしば entrer（入る）と同じ意味で使うことがある。

CHAPITRE 1　19

44 T'en penses quoi ?
[タン パンス クワ]
▶ どう思う？

A : Et toi, **t'en penses quoi** de ce projet ?
B : Ecoute, même si j'en pensais que du bien, comme toi, t'en penses que du mal, je préfère dire que j'en pense rien !

　A : このプロジェクト、どう思う？
*B : あのね、私がいいと思っても、あなたはだめだと思ってるでしょ。だから何も言いたくない！

★T'en penses quoi ? は Qu'en penses-tu ?（それについてどう思う？）と同じだが、くだけた会話では、疑問代名詞が最後に来ることが多い。vous で話す相手に対しては Qu'en pensez-vous ? となる。

★penser du bien [mal] de ...：〜についてよく［悪く］思う。この会話例では de ce projet（このプロジェクトについて）が en に置き換えられている。

★du bien, du mal の前の que は、ne ... que 〜（〜しか…ない）の que。

45 D'accord avec toi !
[ダコール アヴェック トワ]
▶ 賛成！

A : Si la France veut réussir sa transition énergétique, elle ne doit pas continuer à faire les choses à moitié.
B : Entièrement **d'accord avec toi !** Il est grand temps d'investir dans les énergies renouvelables.

　A : もしフランスがエネルギー政策の転換をしたいならば、中途半端な態度を続けてはだめだよ。
*B : 完璧に同意するよ！ 今こそ代替エネルギーに投資すべきよ。

★à moitié：中途半端に。

★D'accord. は相手に賛成するときや、「OK、了解」と伝えるときの決まり文句。〈être d'accord avec ＋人〉で「〜に賛成である」。「完全に」と強調したいときは、entièrement や complètement を使う。

46 Tu vas voir.
[テュ ヴァ ヴォワール]

CHECK✓

▶ まあ、すぐにわかるよ。

A : J'ai peur que la sortie de demain soit fortement compromise.
B : Tu dis ça à cause du temps ? **Tu vas voir,** demain, il va faire super beau !

　　A : 明日の外出は結構怪しいんじゃないかと心配なんだけど。
　*B : 今日がこんな天気だから、そんなこと言ってるの？ まあわかるよ、明日はとてもいい天気だよ！

★avoir peur que ... : ～が心配だ。que の後の動詞は接続法。

★Tu vas voir. は、voir（見る、わかる）の近接未来形で、「すぐにわかるよ」というニュアンスが出る。

47 T'avais vu juste !
[タヴェ ヴュ ジュストゥ]

CHECK✓

▶ 当たってたね！

A : **T'avais vu juste** pour Eglantine ! Elle est enceinte !
B : Qu'est-ce que tu crois ? Mon instinct ne me trompe jamais !

　　A : エグランティーヌのこと、そのとおりだったよ！ 彼女おめでただね。
　*B : 何言ってるの？ 私の直感はいつも正しいの！

★T'avais vu juste. の直訳は「あなたは正しく見ていた」。正しいことがわかった過去の時点よりも、すでに以前から正しく見ていたので大過去形を使う。

★Qu'est-ce que tu crois ? は「あなたは何を考えているの？」だが、この表現は「何言ってるの？」と相手を否定するためによく使われる。

48 Ça y est !
[サ イ エ]

CHECK✓

▶ やった／やっぱり／ついに！

A : **Ça y est !** Ils envoient l'armée dans les quartiers Nord de Marseille !
B : C'est normal ! Ça fait trop longtemps que ça dure ! Tous ces trafiquants !

　　A : やった！ マルセイユの北地区に軍隊を派遣するって！
　*B : 当たり前よ。ずっと続いてたんだから！ 麻薬の密売が！

★Ça y est. は、そうなると予期していたことが実現したときに使う。取りかかっていた仕事が終わったときに「やった！」と使ったり、逆に、例えばお皿を割ってしまったときに「あーあ、やっちゃった！」というニュアンスでも使う。

★Ça fait + 期間 + que ... : …して～の時間が経つ。

CHAPITRE 1　21

49 Voilà, c'est fait.
[ヴォワラ セ フェ]
▶ さあ、できた／やった。

A : **Voilà, c'est fait.** Je lui ai réglé son compte, au patron ! Depuis le temps que ça me démangeait.
B : Psychologiquement, j'espère ! Pas physiquement, quand même !

　A：ほら、やったよ。オーナーにやり返してやったよ！ ずっと前からうずうずしてたんだ。
＊B：それは言葉でしょ。殺っちゃったわけじゃないよね！

★voilà は「ほら、さあ」と、ある行為が終わったことを示す間投詞。C'est fait. は「それはなされた」で、やはりある行為が終わったことを意味する。

★〈régler son compte à + 人〉は単に「〜に仕返しする」のほか、くだけた表現で「〜を殺す」の意味がある。そのため physiquement（物理的に → 暴力で）ではなく、psychologiquement（精神的に → 言葉で）と言っている。

50 On sait jamais.
[オン セ ジャメ]
▶ ひょっとしたらってこともあるよ。

A : Tu crois que je peux avoir une réduction à cause de ce petit défaut ?
B : Oui, **on sait jamais,** ça peut marcher et puis ça coûte rien de demander.

　A：ここに小さな傷があるから、おまけしてくれるかな？
＊B：そうね、ひょっとしてってこともあるよ。してくれるかもしれないし、訊いてみるだけなら、ただだしね。

★à cause de ... :〜のために、〜のせいで。

★On sait jamais. の直訳は「決してわからない」だが、「やってみたらひょっとしてうまくいくかも」という肯定的な意味で使われる。

★Ça (ne) coûte rien. (それはお金がかからない) という表現は、「〜してみたら」と何かを勧めるときによく使う (⇒ 162)。

51 Ça fait rien.
[サ フェ リアン]
▶ 大丈夫。

A : Ça m'embête, je sais plus ce que j'ai fait du dossier Legrand !
B : **Ça fait rien,** j'en ai une copie sur mon bureau. Prends-la au lieu de perdre ton temps à chercher.

*A : 困った、ルグランさんの書類、どっかやっちゃった！
B : 大丈夫、僕の机の上にコピーがあるよ。探すのなんかに時間を使わないで、それ持ってっていいよ。

★faire A de B で「B を A にする」という表現があり、ここでは「書類を何にしたか」→「書類をどうしたか」となる（⇒ 256 ）。

★Ça fait rien. は「それは何も作らない」→「大したことではない」という意味。「気にするな」と相手を励ますようなニュアンスもある。

52 pour être franc
[プル エトゥル フラン]
▶ 正直言って

A : Qu'est-ce que tu penses de ma nouvelle recette ? Tu n'as pas l'air emballée ?
B : **Pour être franche**, je trouve que ça manque d'originalité et surtout de sel. C'est trop fade.

A : 僕の新しいレシピ、どう思う？ あんまり感動してないね？
*B : はっきり言って、新鮮味が少ないかな、それから塩が足りないと思う。味がなさすぎ。

★avoir l'air + 形容詞：〜のように見える。

★emballé(e) はくだけた表現で「夢中になった、気に入った」。

★pour être franc(he)：はっきり言って、率直に言うと。副詞の franchement も同様に使われる。

★trouver que ...：〜と思う。味見など、実際の体験をもとに判断して「思う」ときは trouver を使う。信念の「思う」は croire, 思考を巡らせて「思う」は penser.

★manquer de ...：〜が足りない。

CHAPITRE 1

53 si tu veux
[スィ テュ ヴ]
▶ もしよかったら

A : On pourrait pas baisser un peu la clim ?
B : On peut même éteindre **si tu veux**. Moi non plus, je suis pas très air conditionné.

　A：ちょっと冷房を弱くしたらだめかな？
＊B：よかったら、消しちゃってもいいよ。私もあんまり冷房好きじゃないし。

★On (ne) pourrait pas ... ? は〈条件法 + 否定〉なので、かなり丁寧な提案の仕方になる。「もしよければ〜」とおずおずと提案している感じ。

★clim は climatisation の略で、「空調」特に「冷房」を指す。air conditionné も「空調設備」の意味だが、やはりこちらも特に「冷房」を指す。

★si tu veux（もしあなたが望むなら）は、何かを提案したり申し出をしたりするときに、丁寧な印象を与えるために付け加える表現。vous で話す相手に対しては si vous voulez となる。

★〈être + 名詞〉はくだけた表現で「〜が好きなほうだ、〜派だ」の意。例えば Je suis plus chien que chat. は「私は猫より犬が好きだ」。ここでは (ne) pas être air conditionné で「冷房が好きではない」。

54 Ça tombe bien.
[サ トンブ ビアン]
▶ ちょうどよかった。

A : Je vais faire des courses au supermarché.
B : **Ça tombe bien.** Tu peux me déposer chez le coiffeur en passant ?

　A：スーパーマーケットに買い物に行ってくるよ。
＊B：ちょうどよかった。ついでに美容院の前で降ろしてくれる？

★Ça tombe bien. は「タイミングがよい」。「悪い」ならば Ça tombe mal. と言う。

★Tu peux ... ? は「〜してくれる？」と相手にお願いするときの定番表現。vous で話す相手であれば Vous pouvez ... ? となる。倒置をすると (Peux-tu ... ? / Pouvez-vous ... ?) さらに丁寧。

★en passant：通りがかりに。passer（通る）のジェロンディフ。広く「ついでに」の意味で使われる。

24　CHAPITRE 1

55 Je suis désolé.
[ジュ スュイ デゾレ]
▶ 申し訳ありません。

A : Vous savez ce que ça peut vous coûter de rouler sans papiers ?
B : **Je suis** vraiment **désolée** mais je suis partie précipitamment de chez moi.

　A：免許証不所持がどのくらい高くつくかわかってるんですか？
*B：本当に申し訳ありません。慌てて家を出てしまったんです。

★papiers：（複数形で）身分証明書。ここでは特に「運転免許証」のこと。

★Je suis (vraiment) désolé(e). は丁寧な謝罪の表現。後に mais... と続けて、「悪いけど、言わせてもらうけど」と、相手に主張する際の前置きとしても使われる。例：Je suis désolée mais il y a des sujets avec lesquels on ne peut pas plaisanter.（悪いけど、冗談にできない話題もあるの。）

56 J'y arrive pas !
[ジ アリーヴ パ]
▶ できない！

A : Il a encore osé lever la main sur toi ? Qu'est-ce que tu attends pour divorcer ?
B : **J'y arrive pas !** J'en ai pas le courage. A chaque fois, il me jure que c'est la dernière fois.

　A：あの男はまた君に手を上げるなんてことをしたの？ 離婚するのに，これ以上何を待つんだよ？
*B：できないの！ 勇気がなくて。いつも彼は，もうしないからって言うの。

★oser ＋ 不定詞：あえて～する、厚かましくも～する。

★Qu'est-ce que tu attends ? は「何を待っているの？」という意味だが、「何をぐずぐずしているの？」と相手をせかす表現（⇒ 389 ）。

★arriver（到着する）には、arriver à ... で「～できる」という意味がある。ここでは、à ... を代名詞 y に置き換えて J'y arrive, そして否定の pas が付いて「それができない」。

57 J'y peux rien.
[ジ プ リアン]
▶ どうしようもない／仕方がない。

A : C'est pas croyable ! Elle en met du temps à cuire ta quiche !
B : Mais, **j'y peux rien**, moi. C'est cette cochonnerie de four qui ne marche pas.

*A : 信じられない！ キッシュを焼くのにどれだけ時間かかってるの！
B : どうにもならないね。動かないのはとにかくこのガラクタレンジなんだし！

★mettre ＋ 時間 ＋ à ＋ 不定詞：〜するのに…の時間をかける。en は強調を表す。

★J'y peux rien.：それについて何もできない。あきらめの表現。

★cochonnerie は cochon（豚）から派生したくだけた語。「汚いもの、不潔なもの」や「ひどいもの、粗悪なもの」を指す。品はよくないが、実際にはよく耳にする。

58 Vous de même.
[ヴ ドゥ メム]
▶ どうぞあなたも。

A : Voilà, c'était notre dernier cours de l'année. Je vous souhaite de bonnes vacances.
B : Merci Monsieur. **Vous de même.**

A : 以上で、今年の最後の授業も終わりました。どうぞよい休暇を。
*B : ありがとうございます、先生。どうぞ先生もよい休暇を。

★souhaiter：願う。Je vous souhaite une bonne année.（明けましておめでとうございます）など、改まった表現でよく使われる。

★Vous de même. は相手からの挨拶や気遣いの言葉を、相手にも返すときの表現。Vous aussi. とも言える。

59 Je n'y manquerai pas.
[ジュ ニ マンクレ パ]
▶ 必ずそういたします。

A : Au revoir et n'oubliez pas de transmettre mes amitiés à vos parents.
B : **Je n'y manquerai pas.** Merci et au revoir.

*A : では失礼いたします。ご両親にくれぐれもよろしくお伝えください。
B : 必ずそういたします。ありがとうございます。それでは。

★transmettre ses amitiés à ＋ 人：〜によろしくと伝える。amitié は「友情、親交」。

★Je n'y manquerai pas. は相手からお願いされたときに「必ずそういたします」と約束するときの決まり文句。

60 Tu te rends compte.
[テュ トゥ ラン コントゥ]
▶ 信じられない。

A : Il est malade ce type ! Tu as vu à quelle vitesse il est passé ?

B : J'ai jamais vu ça ! **Tu te rends compte,** si on avait traversé à ce moment-là ?

　A：あいつ、おかしいんじゃないの！ なんてスピードで走っていったか見た？
*B：あんなの見たことないよ！ 信じられない。もし、さっき私たちが道路を渡っているときだったらと思うと…

★malade：頭がおかしい。普通の語順で言うと Ce type est malade. だが、まず Il est と言って、il が指す名詞（= ce type）を後ろに置くと、感嘆文になる。type はくだけた語で「ヤツ」。

★se rendre compte de ... は「～に気づく」だが、Tu te rends compte. / Vous vous rendez compte. は驚きを込めて「信じられない」というニュアンスで使う決まり文句。

61 Ça me dit rien.
[サ ム ディ リアン]
▶ 心当たりがない。

A : J'ai un certain Monsieur Lambert au téléphone qui veut savoir où en est sa commande. Ça te dit quelque chose ?

B : Le nom, oui, ça me dit quelque chose. Mais pour le reste, **ça me dit rien** du tout !

*A：ランベールさんとかいう人から電話で、注文がどうなっているか知りたいって言うんだけど、心当たりある？
　B：名前は、うん、聞いたことがあるけど、それ以外は全く覚えがないよ。

★〈avoir + 人 + au téléphone〉で「～から電話がかかってきた」。

★〈certain + 人名〉で「～とかいう人」。軽蔑的なニュアンスが出ることもあるので、もっぱら仲間内で使う。

★Ça te dit quelque chose ? は「それはあなたに何かを言う？」→「何か心当たりはある?」、Ça me dit rien. は「それは私に何も言ってこない」→「見当もつかない」という意味。

CHAPITRE 1

62 Jamais de la vie !
[ジャメ ドゥ ラ ヴィ]
▶ 絶対そんなことない！

A : Alors, comme ça, à ce qu'il paraît, je suis radin !
B : Mais **jamais de la vie !** J'ai seulement dit à Sophie que tu faisais attention, c'est tout !

　A : ねえ、僕がケチだって言ったらしいね！
*B : そんなこと、絶対言ってない！ ただソフィーには、あなたがそういうことに気をつけてるって言っただけ！

★à ce qu'il paraît：うわさでは。文に挿入する形で使われ、挿入位置は文頭でも、文末でも、文中でも OK。

★de la vie は否定表現と共に用いて、「生まれてから一度も、決して（〜ない）」の意。ここでは jamais（決して）と一緒に使われ、非常に強い否定を表す。

63 C'est difficile à dire.
[セ ディフィスィラ ディール]
▶ それを言うのは難しい。

A : Il y avait beaucoup de monde hier au vernissage ?
B : **C'est difficile à dire** mais je dirais, au moins une centaine.

*A : 昨日のオープニング・パーティにはたくさんの人がいた？
　B : どのくらいかはわからないけれど、少なくとも 100 人くらいはいたかな。

★vernissage：絵画展覧会のオープニング・パーティ。画廊などで行われる。

★〈C'est + 形容詞 + à + 不定詞〉の形はフランス語でよく使われる。例：C'est facile à faire.（それは簡単にできる。）

★centaine は cent（100）のおよその数。ほかにも例えば vingt（20）のおよその数は une vingtaine。

64 Je vous en prie.
[ジュ ヴザン プリ]
▶ どうぞ／どういたしまして。

A : Je ne veux pas vous embêter avec ça mais j'ai encore quelques questions à vous poser.
B : **Je vous en prie,** Monsieur.

　A：ご迷惑をおかけしたくないんですが、あといくつか質問があるのですが。
*B：かまいませんよ。

★J'ai quelques questions à vous poser. は「あなたにすべき質問がいくつかある」。〈avoir + 名詞 + à + 不定詞〉という構文が使われている。

★Je vous en prie. は相手に「どうぞ」と承諾・同意を示す丁寧な表現。お礼を言われたときにも「どういたしまして」という意味で使える。

65 C'est quoi cette histoire ?
[セ クワ セッティストワール]
▶ いったい何の話？

A : Avec Patrice, on a une super combine pour aller à New York gratuitement.
B : **C'est quoi cette histoire**, encore ?

　A：パトリスがさ、ニューヨークにただで行けるすごくいい考えがあるんだって。
*B：今度は、いったい何の話？

★combine：うまい話、ずるい手段。combinaison の略。

★histoire は「話、歴史」だが、それ以外に特に「作り話、でたらめ」を指す場合がある。会話では感情を強く出すために、名詞からではなく C'est で始めて、その内容を後に続けることがよくある。

66 Ça peut se comprendre !
[サ プ ス コンプランドゥル]
▶ そりゃそうでしょ！

A : T'es au courant ? Julie a quitté Laurent.
B : **Ça peut se comprendre !** Avec lui, ça devait pas être drôle tous les jours.

*A：知ってる？ ジュリ、ロランと別れたんだって。
　B：そりゃそうだろうな！ あいつと一緒では、毎日いやだったろうね。

★être au courant (de ...)：((情報として) ～について) 知っている。

★代名動詞 se comprendre は「理解される」という受け身の用法。この用法では、「自然とそうなる」という意味が含まれることがあり、Ça peut se comprendre. で「それは自然と理解される」→「自明の理だ」となる。

CHAPITRE 1

67 On se fait la bise.
[オン ス フェ ラ ビーズ]
▶ 頬に(挨拶の)キスをしましょう。

CHECK✓

A : Bon ben, je vous dis à bientôt.
B : **On se fait la bise**, non ? Et puis, on peut se tutoyer aussi.

　A : それでは、また近いうちに。
　*B : 頬に(挨拶の)キスをしない？ それから tu で話しましょう。

★se faire la bise: お互いに挨拶のキスをしあう。お互いに相手に対して同じ行為をするときは代名動詞を使う。bise は出会ったときや別れるときの挨拶として軽く頬にするキスのこと。

★se tutoyer: お互いを tu で呼び合う。tutoyer は「tu で呼び合う親しい関係になる」ということ。距離のある vous の関係ならば vouvoyer。

68 Je dis ça pour rire !
[ジュ ディ サ プル リール]
▶ 冗談で言ってるだけだよ。

CHECK✓

A : Tu le penses vraiment quand tu dis qu'en me voyant tu penses toujours au bonhomme Michelin ?
B : Mais non, **je dis ça pour rire !** En réalité, je pense plus à une montgolfière.

　A : 僕を見るとミシュランのビバンダム君を思い出すって、本当にそう思って言ってるの？
　*B : まさか、冗談で言ってるだけだってば。それに本当は、熱気球のほうを思い出すよ。

★bonhomme は親愛感を込めて言う「男」。Michelin はタイヤ会社だが、ここでは bonhomme Michelin で、ミシュランの Bibendum (ビバンダム) という名前の太ったマスコットを指している。

★Je dis ça pour rire. の直訳は「私は笑うためにそれを言う」。「冗談だよ」と言うときの表現。

69 A un de ces jours !
[ア アン ドゥ セ ジュール]
▶ またいつか！

A : Bon ben, **à un de ces jours !**
B : Oui, avec plaisir ! J'ai vraiment été contente de te revoir !

　A：じゃあ、またいつか！
＊B：うん、ぜひ！ 本当に再会できてよかった！

★à un de ces jours は直訳すると「これらの日のうちのいつかに」。つまり、「どの日とは言えないけれど、いつかは会おう」という意味（⇒ 73 ）。
★Avec plaisir.: ぜひ、喜んで。相手の提案などを受け入れるときの表現（⇒ 246 ）。

70 C'est oui ou c'est non ?
[セ ウィ ウ セ ノン]
▶ いい、それともだめ？

A : Alors **c'est oui ou c'est non ?** Qu'est-ce que je réponds aux Leroy pour leur invitation ?
B : Ah, ça me stresse ! Tu peux pas y aller tout seul ?

　A：さあ、いいの？ だめなの？ ルロワさん家の招待、どっちで返事する？
＊B：ああ、それってストレス！ 一人で行ってくれない？

★C'est oui ou c'est non ? は「イエスかノーか、どっち？」と尋ねる基本的な表現。
★〈les + 名字〉で「〜一家」の意味。ここでは à と les が一緒になって aux となっている。

71 Pourquoi tu reviens sur ça ?
[プルクワ テュ ルヴィアン スュル サ]
▶ なんでまたその話なの？

A : **Pourquoi tu reviens sur ça ?** On s'est déjà expliqués, non ? On pourrait pas passer à autre chose ?
B : Toi, oui mais pas moi. Je suis peut-être rancunier mais j'ai du mal à oublier.

＊A：なんでまたその話なの？ もう十分話し合ったでしょ？ 別の話題にしない？
　B：君はそうかもしれないけど、僕は違う。根に持つタイプだからなのかもしれないけど、忘れられないんだ。

★revenir sur ...: 〜の話題に戻る。
★On s'est expliqués. は代名動詞 s'expliquer（お互いに話し合う）の相互的用法。

72 Passe le bonjour à tes parents.
[パ ス ル ボンジュール ア テ パラン]
▶ ご両親によろしく伝えて。

A : Il se fait tard, je vais y aller.
B : Rentre bien et **passe le bonjour à tes parents.**

　　A：遅くなっちゃった、行かないと。
　*B：気をつけて帰ってね。ご両親によろしく伝えてね。

★Il se fait tard. は非人称表現で「遅くなる」。

★「～によろしく伝えて（ください）」は決まり文句で〈passe [passez] le bonjour à ＋人〉あるいは〈dis [dites] bonjour à ＋人〉。

73 J'ai été ravi de te revoir.
[ジェ エテ ラヴィ ドゥ トゥ ルヴォワール]
▶ また会えてよかった。

A : **J'ai été ravi de te revoir.**
B : Moi de même. J'espère sincèrement qu'on aura l'occasion de se revoir un de ces quatre.

　　A：また会えて嬉しかったよ。
　*B：私も。また近いうちに会えることを本当に楽しみにしてるね。

★revoir：再会する。se revoir は代名動詞で「お互いに再会する」。

★un de ces quatre (matins) で「4つの朝のうち一つに」→「近いうちに」。matins は省略するのが一般的。類義表現に un de ces jours がある（⇒ 69 ）。

74 Ça ne m'étonne pas du tout.
[サ ヌ メトヌ パ デュ トゥ]
▶ 何の不思議もない。

A : Je n'arrête pas d'aller aux toilettes. C'est bizarre, non ?
B : Vu ce que tu as mangé hier, moi, **ça ne m'étonne pas du tout.**

　　A：ずっとトイレばかり行ってるんだ。どうしたんだろう？
　*B：昨日食べたものを考えたら、何の不思議もないよ。

★vu は voir（見える）の過去分詞から派生した前置詞。「～を見ている以上」と、理由を表す。

★Ça ne m'étonne pas.（それは私を驚かせない）という構文の作り方をして、「驚かない」と言う。「そりゃあそうでしょ」というニュアンス。

75 Il n'y a pas de quoi !
[イル ニア パ ドゥ クワ]
▶ どういたしまして！

A : C'est super gentil de me rendre visite ! Ça me touche beaucoup. Vraiment, je te remercie.
B : Oh, **il n'y a pas de quoi !** Et puis, je suis sûre que si c'était moi qui avait été hospitalisée, t'en aurais fait tout autant.

　A : お見舞いに来てくれるなんてありがとう。嬉しいよ。本当にありがとう。
＊B : どういたしまして。それに、もし入院したのが私だったら、必ず同じことをしてくれたでしょ。

★rendre visite à + 人：〜を訪問する。
★Il n'y a pas de quoi. は相手にお礼を言われたときに返す決まり文句。quoi は関係代名詞だが、de quoi ... で「〜する理由」という意味になる。「そんな理由はない」→「感謝するには及ばない」となる。

76 Ça fait longtemps qu'on s'est pas vus !
[サ フェ ロンタン コン セ パ ヴュ]
▶ 久しぶり！

A : Comment ça va ? **Ça fait longtemps qu'on s'est pas vus !** T'as vraiment pas changé !
B : Toi non plus à part quelques cheveux gris par-ci par-là !

　A : 元気？ 久しぶりだね！ 本当、変わらないね。
＊B : あなたも変わらないね、ちょっとあちこちに白髪が少し見えるくらい。

★〈Ça fait + 期間 + que ...〉で「…してから〜の時間が経つ」。フランス語では「久しぶり」は「お互いに会わなくなってから長い時間が経つね」と表現する。
★T'as pas changé. の日本語訳は「変わらない、変わっていない」だが、フランス語では複合過去形で言う。
★à part ...：〜を除いて。
★quelques は「いくつか (だけ)」と、数が少ないことを示す。
★par-ci par-là：あちらこちらに [で]。

77 Je ne te le fais pas dire !
[ジュ ヌ トゥ ル フェ パ ディール]
▶ そのとおり！

A : Ma mère commence vraiment à me taper sur les nerfs !
B : **Je ne te le fais pas dire !** C'est quoi cette manie de toujours débarquer sans prévenir ?

　*A：うちの母親には、本当にいらいらしてくる！
　 B：本当に！　いつも連絡もなしにやってくるって、どんな趣味だ？

★taper sur les nerfs は「神経を叩く」→「いらいらさせる」。「私がいらいらする」ではなく、「人・ものが私をいらいらさせる」と言う。

★Je ne te le fais pas dire. の直訳は「私はあなたにそれを言わせない」。→「言わせる必要はない。なぜならそのとおりだから」というロジック。

★manie は、おかしな癖や、変わった好み・習慣のことを言う。

★débarquer（上陸する）は、ここではくだけた表現で「突然やってくる」。

78 Comment tu veux que je le sache ?
[コマン テュ ヴ ク ジュ ル サシュ]
▶ 知るわけないでしょ？

A : C'est sur quelle fréquence, *Rires et Chansons* ?
B : **Comment tu veux que je le sache ?** J'écoute jamais ça !

　 A：『リール・エ・シャンソン』って周波数いくつだっけ？
　*B：知るわけないでしょ？　そんなの聞かないし！

★周波数（fréquence）を示すときは、前置詞 sur（〜の上に）を用いる。

★Comment tu veux que ... ? は「どうやったらそんなこと思えるの?」と相手を強く否定する言い方。que の後は接続法（sache）。

Chapitre 2

喜怒哀楽 フレーズ

「すごい」「うんざりだ」「驚いた！」など、
自分の感情を言葉に表してみよう。
フランス語に特徴的な、皮肉っぽい言い回しや
反語表現なども紹介します。

79 Génial !
[ジェニアル]

▶ **すごい／いいね！**

CHECK✓

A : **Génial !** C'est vraiment génial ! Je vais hériter du vieux moulin de mon arrière grand-père !

B : Pas si génial que ça si on commence à penser à tous les frais que ça risque d'occasionner.

　A : すごい！ ほんとすごいよ！ ひいおじいちゃんの古い水車小屋を相続することになるみたいなんだ！
　*B : 結構費用がかかるかもしれないってことを考えたら、それほどすごいかな。

★génial：よい、素晴らしい。提案などに対して、「いいね」と賛成する場合にも使われる。世代を問わず、とてもよく使う表現。

★moulin は「水車（小屋）」と訳したが、moulin à vent（風車）と moulin à eau（水車）の両方の可能性がある。

★si ... que ça：それほど〜である。ここでは否定の (ne) pas si ... que ça で「それほど〜ではない」。

80 C'est incroyable !
[セタンクロワイヤブル]

▶ **信じられない！**

CHECK✓

A : **C'est incroyable !** Tu n'as pas du tout changé. Je trouve même que tu as rajeuni.

B : Et toi, toujours aussi flatteur.

　A : 信じられない！ 全然変わってないね。いや、前より若くなったんじゃない。
　*B : あいかわらず、うまいことばかり言うね。

★C'est incroyable ! だけでも頻繁に使われるが、「何が」信じられないかを言う場合は、〈que ＋ 文（接続法）〉で続ける。例：C'est incroyable que tu puisses me dire ça !（そんなこと言うなんて信じられない！）ちなみに、〈ce que ＋ 文〉で続けた場合もほぼ同じ意味だが、より感情的になる。例：C'est incroyable ce que tu peux être pénible quand on est invités.（招待されておきながら、あんなに不愉快なことするなんて、考えられない。）

★trouver que ...：〜と思う（⇒ 52 ）。trouver には、「思う」と「見つける」の主に2つの意味がある。

81 Tu plaisantes ?

[テュ プレザーントゥ]

▶ 冗談でしょ？

A : Tu te plains toujours mais n'empêche que tes étudiants font des progrès, non ?
B : **Tu plaisantes ?** J'enseigne en pure perte. Ils oublient tout – tu m'entends ? Tout, – d'une semaine à l'autre.

　A : いつも文句ばかり言ってるけど、それでも学生たち、進歩してるんじゃない？
*B : 冗談？ 教えてても無駄。一週間したら、全部、わかる？ 全部忘れてるんだから。

★(Il) n'empêche que ... : 〜であることには変わりない。

★plaisanter は「冗談を言う」だが、Tu plaisantes ? / Vous plaisantez ? は、怒りを込めて相手の言うことに反論するときに使われる。Tu plaisantes [Vous plaisantez] ou quoi ?（冗談か何か？）となると、さらに強い感情を表す。

82 N'importe quoi !

[ナンポルトゥ クワ]

▶ むちゃくちゃな！

A : Moi, je trouve que le Front National a parfois raison.
B : **N'importe quoi !** Une fois qu'ils seront au pouvoir, tu verras, on pourra plus s'en débarrasser.

　A : 僕は、国民戦線が正しいこともあると思うんだけど。
*B : 何むちゃくちゃ言ってるの！ 一度政権を握ったら、もう追い出すことなんてできないよ。

★Front National: 国民戦線。右翼的な主張で知られるフランスの政党。

★N'importe quoi. は決まり文句で「どんなものでも」→「何でもあり」ということから、「でたらめ、めちゃくちゃなこと」の意味になる。

CHAPITRE 2

83 Je m'ennuie.

[ジュ マンニュイ]

▶ 退屈だ。

A : **Je m'ennuie.** Je sais pas quoi faire !
B : Au lieu de te plaindre et de rester planté là à ne rien faire, tu pourrais peut-être passer l'aspirateur, non ?

 A : 退屈だ。何にもすることないよ！
 *B : 何にもせずにそんなとこに突っ立ってぐだぐだ言ってないで、掃除機でもかけたらどう？

★s'ennuyer：退屈だ、うんざりだ。名詞 ennui は、「退屈；（複数形で）心配事、困ったこと」という意味を表す（⇒ 201）。
★au lieu de ...： 〜の代わりに。

84 Mon œil !

[モナイユ]

▶ まさか／そんなばかな／嘘つけ！

A : Ton tableau est mal fixé, il penche à droite. Ça se voit à l'œil nu !
B : **Mon œil !** Je suis sûr que tu dis ça pour m'énerver parce que t'es jalouse de mon tableau.

 *A : この絵、きちんとかかってないね、右に傾いてる。見ればわかるでしょ！
 B : まさか！ 僕が絵を買ったのがうらやましくて、そう言って怒らせようとしてるんでしょ。

★Ça se voit. は「それが見えてくる」→「明らかだ」。à l'œil nu は「肉眼で」。
★Mon œil !（私の片目）は、「まさか」と相手の発言を否定するくだけた表現。

85 Ça suffit !

[サ スュフィ]

▶ いい加減にして！

A : Je me demandais si tu pouvais encore me dépanner ce mois-ci d'environ...
B : Non, **ça suffit !** J'en ai marre de tes histoires. Débrouille-toi !

 A : 今月またになるんだけど、助けてくれないかなと思って。だいたい…
 *B : いや、いい加減にしてよ！ そういう話はうんざり。自分で何とかしたら！

★dépanner： 故障を直す；（お金に困っているのを）助ける（⇒ 275）。
★Ça suffit !（それで十分）は、「いい加減にしろ」と、うんざりした気持ちを表す。
★en avoir marre (de ...)： （〜で）うんざりする（⇒ 102）。

38　CHAPITRE 2

86 Petit veinard !
[プティ　ヴェナール]
▶ ついてるなあ！

A : Alors, il paraît que t'as touché le paquet hier au tiercé. **Petit veinard !**
B : C'est vrai, avec tous les paquets d'ennuis que j'avais en ce moment, ça m'arrange plutôt.

　*A：ねえ、昨日競馬で大もうけしたんだってね。ついてるねえ！
　　B：まあね、このところずっと問題続きだったから、助かったよ。

★toucher le paquet: 大金を得る。くだけた表現。paquet は「箱、包み」だが、「大量」という意味もある。paquet de ... で「たくさんの〜」。

★veinard は、名詞 veine (くだけた表現で「幸運」) に、人を表す -ard を付けてできた語で「幸運を持った人」の意味。なお -ard は、くだけた印象を与えたり、軽蔑的な意味合いを持つことも多い。例えば vieillard は「年寄り」という感じに近く、普通は personne âgée (老人) を使う。また petit は、ここでは「小さい」の意味ではなく、愛情や親しみを込めるために付けている。

87 T'es gonflé !
[テ　ゴンフレ]
▶ ずうずうしい！

A : Quand est-ce que tu comptes récupérer tes assiettes ? Ça me gêne.
B : Ha ! **T'es gonflée !** Je te rends service et c'est tout ce que tu trouves à me dire ? T'étais bien contente de les avoir, mes assiettes, pour ta soirée !

　*A：いつお皿片付けてくれるの？　じゃまなんだけど。
　　B：は！　ずうずうしい！　助けてあげたのに、それが僕に言う言葉？　今夜のパーティに僕のお皿があってよかったって言ってたくせに！

★gêner: じゃまをする、迷惑をかける。
★être gonflé(e) はくだけた表現で、「かなり大胆だ、とても厚かましい」。なお、Tu me gonfles. は「お前にはうんざりだ」と違う意味になる。
★rendre service à + 人：〜に役立つ。

88 Je craque !

[ジュ クラック]

▶ 参ってる！

A : Tu t'en sors de tes papiers administratifs ?
B : **Je craque,** je craque ! Avec toutes ces nouvelles réglementations, c'est vraiment difficile de s'y retrouver sans perdre son calme.

*A：役所用の書類はうまくいってる？
 B：参ったよ！　新しい規則のせいで、むかっとせずにこなすのは本当に難しいよ。

★s'en sortir：難しい状況を抜け出す、（難しいことに）何とか対処する（⇒ 224 ）。
★craquer：折れる；（精神的に）参る、力尽きる。
★s'y retrouver は「再び道を見出す」→「見当をつける、わかる」の意。

89 Tant pis.

[タン ピ]

▶ しょうがないよ。

A : Dommage que tu ne sois pas venu hier. Il y avait une super bonne ambiance.
B : **Tant pis** mais je tenais vraiment pas la grande forme.

*A：昨日来られなかったのは残念。すごくいい雰囲気だったよ。
 B：しょうがないよ。だって本当に体調がよくなかったんだ。

★Dommage que + 接続法：～を残念に思う。単独で Dommage ! とも言える。
★Tant pis.（仕方がない）は、あきらめの表現。そうなっても当然というニュアンスがあるので、例えば Tant pis pour toi. なら「自業自得」の意味になる。

90 T'es pénible !

[テ ペニブル]

▶ うるさいなあ！

A : Pas moyen de dormir chez toi ! C'est incroyable le nombre de poids lourds qui passent !
B : **T'es pénible !** Si t'es si sensible que ça, mets-toi des boules Quiès.

A：君んちでは寝られない！　トラックがこんなに走ってるなんて信じられない！
*B：うるさいな！　そんなに気になるんだったら、耳栓でもすれば！

★(Il n'y a) pas moyen de + 不定詞：～できない。
★pénible：不愉快な、我慢ならない。
★boules Quiès（耳栓）の Quiès は、会社名からとられている。

40　CHAPITRE 2

91 C'est foutu.
[セ フチュ]
▶ **終わった／もうだめだ。**

A : Là, c'est cuit ! Entre elle et moi, **c'est foutu.** Elle reviendra pas.
B : Surtout après ce que tu lui as dit.

　A：もうだめだ！　彼女と僕の仲は終わったよ。もう彼女は戻ってこない。
*B：そりゃ、あんなことを彼女に言っちゃったんだからね。

★cuit は「焼けた」だが、C'est cuit. で、「焦げ付いた」→「だめになった」の意味になる。
★C'est foutu.：だめになった、もうおしまいだ。とてもくだけた表現だが、よく使う。同じ意味で C'est fichu. という言い方もある。

92 J'en ai peur !
[ジャンネ プール]
▶ **心配だ！**

A : Tu crois qu'il ne reviendra pas ?
B : **J'en ai** bien **peur !** On est peut-être allés un peu trop loin, cette fois !

*A：彼は戻ってこないと思う？
　B：それがかなり心配！　ちょっと今回はやり過ぎだったかもしれない。

★avoir peur (de ...)：(～を) 心配する、不安に思う；(～を) 怖がる。peur には「心配、不安；恐怖」といった意味がある。

93 Je m'en veux.
[ジュ マン ヴ]
▶ **悔しい。**

A : **Je m'en veux,** je m'en veux. Tu peux pas savoir !
B : Mais non, tu n'as rien à te reprocher. T'as pas eu de chance, c'est tout !

　A：悔しい、悔しいよ。僕の気持ち、わかんないかもしれないけど！
*B：そんなことない、自分を責めなくていいよ。運がなかっただけ、それだけ！

★s'en vouloir (de ＋ 名詞・不定詞)：(～を) 後悔する、悔いる。
★Tu n'as rien à te reprocher. は「君は自分を責める原因となるものを何も持っていない」→「自分を責める必要は全くない」。

CHAPITRE 2

94 Tu veux rire !
[テュ ヴ リール]
▶ 冗談でしょ！

A : Pourquoi tu ne reviendrais pas vivre à la maison ?
B : Ha, **tu veux rire,** Maman ! On finirait par ne plus se supporter à force de s'engueuler !

　*A：どうしてこの家に戻ってきて暮らさないの？
　 B：冗談、ママ！ 結局けんかして、お互いに嫌気がさすのがオチだよ！

★Tu veux rire ! の直訳は「あなたは笑いたい」だが、「冗談でしょ」という表現。
★finir par + 不定詞：〜して終わる、最終的には〜する。

95 Rien que ça !?
[リアン ク サ]
▶ そこまで !?

A : Si tu m'épouses, je te couvre de bijoux !
B : **Rien que ça !?**

　 A：もし結婚してくれたら、宝石で埋めつくしてあげるよ！
　*B：そこまで !?

★couvrir + 人 + de ...：人を〜で覆う。de は手段を導く。
★rien que ça は文字どおりには「それっぽっち」だが、反対の意味で「そこまですごいの !?」という気持ちで使われることがある。

96 Quelle belle journée !
[ケル ベル ジュルネ]
▶ 本当に素晴らしい一日！

A : **Quelle belle journée !**
B : Elle est encore plus belle avec toi !

　*A：ほんと、素晴らしい一日！
　 B：君と一緒にいるからさらに素晴らしいよ。

★〈Quel(le) + 形容詞 + 名詞〉で「なんて〜なんだ！」と強い感動を込めた表現。
★plus belle は比較級で「より素晴らしい」。encore はこの比較の度合いを強める「さらに」。

97 Fais-moi rire !
[フェ モワ リール]
▶ **笑わせる！**

A : **Fais-moi rire !** Tu crois vraiment que la situation va s'améliorer ? Quelle naïveté !

B : Et alors ? Je préfère être naïf et espérer que passer mon temps à me plaindre.

*A：笑わせる！ 本当に状況がよくなるなんて思ってるの？ 世間知らずね！
B：だから？ 文句を言うより、世間知らずでも希望を持ってたほうがましだよ。

★Fais-moi rire ! の直訳は「私を笑わせて」だが、「笑える、冗談だろ」という意味で使う。Laisse-moi rire ! / Tu me fais rire ! とも言う。

★naïveté : 世間知らずなこと、世の中がわかっていないこと（⇒ 22 ）。

98 C'est une cata !
[セテュヌ カタ]
▶ **大失敗／最悪だ！**

A : Mais **c'est une cata** ! Je suis vraiment trop nul.

B : Faut avouer que sur ce coup-là, tu n'as pas été très bon.

A：もう大失敗！ 本当に僕はだめだ。
*B：まあ確かに、今回はあまりぱっとしなかったと言わざるをえないね。

★cata は catastrophe（大惨事）の略。例： Un peu plus et c'était la cata.（もう少しでひどいことになるところだった。）

★(Il) faut avouer que ... は「～と認めないといけない」→「～と言わざるをえない」。avouer は主に「（ネガティブな事実を）認める」という場合に用いる。

99 Ça me défoule.
[サ ム デフゥル]
▶ **すかっとする。**

A : Ça te donne quoi de faire tout ça ? De toujours agresser les autres !

B : Ça me donne quoi ? Mais rien, absolument rien ! Ah si, **ça me défoule** !

A：こんなことして何になるんだ？ いつも人を傷つけてばかりいて！
*B：何になるかって？ 何も、何にも！ あ、そんなことない、すかっとする。

★Ça te donne quoi ? は Qu'est-ce que ça te donne ? のくだけた言い方。ça（それは）と言った後で、その内容を de faire ... と述べているが、会話では自然な順番。

★défouler：（あることが）ストレスを解消する、憂さ晴らしになる。fouler は「～を押しつぶす」。ちなみに、精神分析用語の「抑圧」は refoulement.

100 Mais quelle idée !
[メ ケリデ]

▶ まったく何考えてんの！

A : Raymond, tu sais mon collègue. Eh bien, ce matin, il s'est pointé en short au bureau !

B : **Mais quelle idée !** A croire qu'il fait tout pour se faire virer !

A : 僕の同僚の、レイモンって知ってるだろ。今朝、彼、ショートパンツで会社にやってきたんだよ！

*B : まったく何考えてるんだか！ まるで首にしてくれって言ってるようなものじゃない！

★se pointer は「出勤する」という意味のくだけた表現。pointer が「タイムカードを押す」という意味を表すところから来ている。

★Mais quelle idée ! の直訳は「何という考え！」。この感嘆表現は主に「信じられない！」という感情を表す。

★A croire que ... : 〜のようだ。

101 Quelle bonne nouvelle !
[ケル ボヌ ヌヴェル]

▶ グッド・ニュース！

A : J'ai eu des nouvelles de José. Sa fille a eu son bac avec mention très bien.

B : **Quelle bonne nouvelle !** Dommage qu'on puisse pas en dire autant de mon neveu. Il s'est encore planté, cette année.

*A : ジョゼから連絡があったよ。娘さん、「優秀」でバックが取れたんだって。

B : グッド・ニュース！ 甥には同じことを言ってやれないのが残念だよ。また今年も失敗だったんだって。

★avoir des nouvelles de ... : 〜から便りがある。

★bac は baccalauréat（バカロレア）の略で「大学入学資格試験」のこと（⇒ 189）。

★mention：成績評定。très bien（優秀）、bien（良）、assez bien（良の下）、passable（可）がある。

★Quelle bonne nouvelle ! は「なんてよい知らせなんだ！」。quel(le) は感嘆表現を作る形容詞。nouvelle は名詞で「知らせ」。

★Dommage que + 接続法：〜を残念に思う。

★en dire autant (de ...)：（〜について）同じことを言う。

102 J'en ai marre.
[ジャンネ マール]
▶ **うんざりだ。**

A : Depuis qu'il sait qu'il est nommé à Sydney, Eric est sur son petit nuage.

B : Tant mieux pour lui, mais il est grand temps qu'il en redescende parce qu'en attendant **j'en ai marre** de me farcir son boulot.

*A : シドニーへの転勤が決まってから、エリックは、すっかり夢見心地だね。
 B : 彼にとってはよかったけど、もうそろそろ、ちゃんとやってもらわないと。おかげで、彼の仕事がこっちに回ってきてうんざりだ。

★être sur son petit nuage（自分の小さな雲の上にいる）は、「現実からかけ離れている」という意味で使う。

★en avoir marre de ...： 〜はうんざりだ。くだけた表現。

★boulotはくだけた表現で「仕事」。〈se farcir + 名詞〉で「〜をたらふく食べる、〜を詰め込む」という意味だが、ほかに「(いやな仕事を)引き受ける」という意味もある。同じ意味を持つ動詞に se taper がある。

103 J'en reviens pas !
[ジャン ルヴィアン パ]
▶ **驚いた！**

A : **J'en reviens pas !** On gagne à peine le SMIC et il a osé dire que c'était encore trop bien payé pour cc qu'on faisait.

B : A croire que certains patrons sont nostalgiques du temps de l'esclavage.

 A : 驚いた！ 最低賃金を稼げるか稼げないかくらいなのに、オーナーは、この仕事にしては給料がよすぎるとまで言ったんだよ。
*B : 何だか、奴隷時代がよかったと思ってる経営者たちがいるみたいだね。

★J'en reviens pas !は直訳すると「私はそこから戻ってこない」だが、「驚いた！」という意味の熟語表現。

★à peine は「ほとんど〜ない；せいぜい〜だ」という否定的な意味の表現。

★SMIC は salaire minimum interprofessionnel de croissance（全職種共通スライド制最低賃金）の略。物価上昇など変動要素を考慮して決められる最低賃金制度。

104 C'est pas drôle.
[セ パ ドゥロル]

▶ いやだ／げんなりだ。

A : Se disputer, **c'est** déjà **pas drôle** mais toi, en plus, t'as l'art de mettre de l'huile sur le feu.

B : Je sais, ça date pas d'hier. On me le disait déjà à l'école. J'y peux rien !

> A : けんかだけでも、もうげんなりなのに、さらに火に油を注ぐようなことばかり言うんだよな、お前は。
> *B : わかってる。今に始まったことじゃないから。学校にいた頃から言われてたけど、自分でもどうしようもないの。

★C'est pas drôle. は「いやだ」という気持ちを伝える表現。「面白くない」と否定の言い回しを使って表す。

★avoir l'art de ＋不定詞：〜するのが実にうまい。皮肉を込めて使うことが多い。

★mettre de l'huile sur le feu：火に油を注ぐ。

★Ça date pas d'hier.：それは昨日に始まったことではない (⇒ 413)。

★J'y peux rien. は「それについて何もできない」。あきらめの表現。

105 Je te dis pas.
[ジュ トゥ ディ パ]

▶ すごい。

A : Quand j'ai vu la voiture arriver en face, la peur que j'aie eue, je te raconte pas !

B : Ah ça, la nuit de la Saint-Sylvestre, y en a qui conduisent dans des états, **je te dis pas.**

> A : 車が正面から来てさ、あのときの怖さって、言葉にできないよ！
> *B : 大晦日の夜の、とんでもない運転をしている人の多さといったら、信じられないわ。

★Saint-Sylvestre は聖人の名前だが、その祝日が12月31日（大晦日）に当たる。

★dans des états は「とんでもない状態で」。不定冠詞の des は強調を表す。

★Je te dis pas. は「私はあなたに言わない」だが、「すごくて言葉にできない」ということ。Je te raconte pas.（私はあなたに語れない）も、同じ意味で使われる。

106 Quand on pense que...
[カントン パンス ク]
▶ 驚きなのは…

A : Déjà le Machu Picchu à la télé, je trouvais ça impressionnant mais là en réalité, c'est hallucinant.
B : **Quand on pense que** ces ruines ont presque six cents ans !

*A : マチュ・ピチュをテレビで見たときも、それは感動的だったけど、実際に見たら、本当にもうびっくり。
B : しかも遺跡は 600 年も前のものでしょ、驚き！

★en réalité：実際には。「～と思っていたけれど、本当は…だった」のように、思っていたことが現実には違っていたときに使う。
★hallucinant(e)：幻覚を起こさせる。目を疑うような強い印象を与えるものに対して広く使う。
★Quand on pense que... の直訳は「人が～と思うとき」。普通は「～と思うときに…だ」と次の文が続くが、この文だけで終わらせると、「～とは驚きだ」という意味になる。

107 Je suis à bout !
[ジュ スュイ ア ブ]
▶ もう限界。

A : J'en peux plus de cette situation. J'ai dû envoyer plus de cent lettres de motivation depuis que je suis au chômage et toujours rien. **Je suis à bout !**
B : C'est sûr que c'est pas évident mais c'est pas le moment de craquer. Et l'étranger, tu y as déjà pensé ?

A : こんな状態、もう耐えられない。失業してから 100 通以上の志望理由書を送ってるけど、全然だめ。もう限界。
*B : 確かに先行きはわからないけど、でもまだくじけるときじゃないよ。外国はどう、もう考えてみた？

★J'en (= Je n'en) peux plus. は「もう無理だ」という気持ちのときに使う。ほかに「おなかいっぱい」と言うときもこの表現を使う。
★être à bout：力尽きた、限界だ。bout は「端」。

CHAPITRE 2

108 C'est pas trop tôt !
[セ パ トゥロ ト]
▶ やっとだ！

A : Votre entrecôte, Madame !
B : Enfin ! **C'est pas trop tôt !** Je commençais à désespérer et à…mourir de faim.

　A：リブロース、お待たせいたしました！
＊B：ついに！　やっと！　あきらめかけてたし、お腹すいて死ぬかと思ったわ。

★C'est pas trop tôt. の直訳は「早すぎはしない」。皮肉を込めた表現で、実際には、本当に遅くてさんざん待たされたときに使う。

★mourir de faim：空腹が理由で死ぬ。de は理由を導く。

109 Ça faisait trop longtemps !
[サ フゼ トゥロ ロンタン]
▶ またか！

A : Pour la rentrée le gouvernement annonce de nouvelles augmentations du prix du gaz et de l'électricité.
B : **Ça faisait trop longtemps !**

＊A：政府は、ガスと電気を新年度からまた値上げするって言ってるね。
　B：ずいぶん久しぶりだなあ！

★Ça faisait trop longtemps ! の直訳は「そういうことは長い間なかった」だが、これは皮肉の表現で、実際には逆の「またか」とうんざりした気持ちを伝える。

110 Ça relève du miracle !
[サ ルレーヴ デュ ミラクル]
▶ まさに奇跡だ！

A : Ne me demandez pas pourquoi mais j'ai comme l'impression que je l'ai échappé belle.
B : Tu comprendras mieux quand tu verras l'état de ta voiture. Que tu sois encore vivante, **ça relève du miracle !**

＊A：なぜって言われても困るけど、とにかく危なかったって気はする。
　B：車の状態を見たら、もっとよくわかるよ。まだ生きてるなんて、奇跡だよ！

★l'échapper belle：（事故などの危険から）逃れる。

★Que tu sois … のように文を主語にする場合、〈que ＋ 接続法〉の形にする。

★relever de …：〜に属する、〜の領域である。

48　CHAPITRE 2

111 T'en fais une tête !

[タン フェ ユヌ テットゥ]

▶ 浮かない顔だね。

A : T'en fais une tête !
B : Je me suis fait avoir. J'ai acheté cette imitation en croyant que c'était un original.

*A：何だか浮かない顔をしてるね！
　B：だまされたんだ。オリジナルだと思って買ったら、複製だった…

★en faire une tête：浮かない顔をする。くだけた表現。

★se faire avoir：だまされる。〈se faire + 不定詞〉で「〜される」という受け身の意味を表す。

112 Ça me rend malade !

[サ ム ラン マラドゥ]

▶ おかしくなりそう／参っちゃう！

A : C'est scandaleux ! C'est Sophie qui a eu le poste de responsable des ventes.
B : Arrête ! Ça me rend malade ! C'est moi qui devais l'avoir. Elle y connaît rien !

　A：大問題だ！ 販売部門のリーダーに選ばれたのがソフィーだなんて。
*B：やめて！ おかしくなりそう！ 本当は私が選ばれるはずだったのに。彼女なんて何にもわかってないし！

★Ça me rend malade. は「それは私を病人にする」。J'en suis malade. とも言う。

★connaître à ...：〜についての知識が十分にある。

113 Rien que du bonheur !

[リアン ク デュ ボヌール]

▶ 本当に幸せな気分！

A : Alors, ton impression sur le Nord canadien ?
B : Impressionnant ! Des champs de neige à perte de vue, des paysages à couper le souffle. Rien que du bonheur, quoi !

*A：で、カナダ北部はどうだった？
　B：感動的だったよ！ 見渡す限りの雪平原、息をのむほどの景色。本当に幸せな気分だったよ、もう！

★à couper le souffle は「息を切るほど」。à は結果を導く。

★rien que ...：〜だけ。Rien que du bonheur. は「幸せだけがある」→「大満足だ」。

CHAPITRE 2

114 Quelle mouche te pique ?

[ケル ムシュ トゥ ピック]

▶ なんで急に怒りだすの？

A : Mais enfin **quelle mouche te pique ?** Tu n'as aucune raison de t'énerver comme ça !

B : Ça commence à bien faire toutes ces discussions stériles. On n'avance pas !

*A：なんで急に怒りだすの？ そこまで怒ることないでしょう。
　B：無駄な議論ばっかりでいやになるよ。先に進まないじゃないか！

★Quelle mouche te pique ?（どんなハエがあなたを刺している？）は、カッとなっている様子を指して使われる表現。

★Ça commence à bien faire. は「それはよく始まっている」だが、皮肉な表現で、実際は「うんざりだ、いい加減にしてほしい」という意味。ça はここでは toutes ces discussions stériles（無駄な議論）を指している。

115 Je m'en fous de tout !

[ジュ マン フ ドゥ トゥ]

▶ どうだっていい／知ったことじゃない！

A : Mais c'est si grave que ça, pour toi, que je mette les coudes sur la table ?

B : Oui, ça se fait pas ! J'ai horreur de ça et puis en plus, ça fait du style **"je m'en fous de tout"** !

　A：テーブルに肘をつくって、そんなにいけないことなの？
*B：もちろん、しちゃだめ。私はすごく嫌いだし、それに「知ったことか！」って感じに映るよ。

★c'est si grave que ça の ce は「テーブルに肘をつくこと」を指す。si ... que ça は強い感情表現で「そんなに～な」にあたる。

★s'en foutre de ... で「～を問題にしない、～はどうだっていい」というくだけた表現。Je m'en fous. のように、de 以下を省略した形もよく使われる。

116 J'en ai rien à faire !
[ジャンネ リアンナ フェール]
▶ 知るもんか！

A : Si tu me rends pas mon sac, je le dis à la maîtresse que t'as triché en maths !
B : **J'en ai rien à faire !** De toutes façons, j'en veux pas de ton sac, il est trop moche !

*A : 私のカバン返してくれないんなら、算数でカンニングしてたって先生に言いつけるからね！
 B : 知らないよ！ だいたい、お前のカバンなんてほしくないよ、あんな汚いの！

★tricher: いんちきをする、カンニングする。

★(n')en avoir rien à faire で「関係ない、知ったことじゃない」という意味になる。faire の代わりに cirer（ワックスをかける）、foutre（やる）もよく使われるが、かなり俗語っぽくなる。

★(n')en vouloir pas de ...: 〜なんてほしくない。代名詞 en を使い、さらにその内容を後ろに続けることで、かなりの強調表現となる。

117 Il a piqué une crise.
[イラ ピケ ユヌ クリーズ]
▶ 彼はカッとなった。

A : Quand Hervé a su que ce n'était pas lui qui aurait le poste à Sydney, t'aurais vu, **il a piqué une crise** devant tout le monde.
B : Mais enfin, c'est ridicule et surtout c'était prévisible. Il parle pas un traître mot d'anglais !

 A : エルヴェがね、シドニーのポストに就くのが自分じゃないとわかったら、想像つくだろ、みんなの前で激しく怒りだしたんだよ。
*B : でもばかみたい、だってわかってたでしょ。彼、全然英語できないし！

★piquer はくだけた使い方で「突然〜する」という意味がある。crise は「発作」、ここでは特に「急に怒りだすこと」。

★(ne) pas parler un traître mot: 一言もしゃべらない。

118 Je m'en mords la langue !

[ジュ マン モール ラ ラング]

▶ 後悔してる！

A : Mais pourquoi tu lui as dit ça ? C'était vraiment choquant !
B : Oui, je sais. **Je m'en mords la langue !** Je ne sais pas ce qui m'a pris.

*A : なんであの人にそんなこと言っちゃったの？ 本当にショック！
B : うん、わかってる。後悔してる！ 自分でもどうしちゃったのかわからない。

★se mordre la langue：自分の舌をかむ。その様子が後悔していることを示す。

★ce qui m'a prisは間接疑問文としてje ne sais pasに接続されており、文全体で「何が私を捉えたのかわからない」という意味。

119 Ça va bien cinq minutes.

[サ ヴァ ビアン サン(ク) ミニュットゥ]

▶ いい加減にして。

A : Quand tu auras fini la vaisselle, tu pourras me préparer un thé vert à la menthe ?
B : Eh oh ! **Ça va bien cinq minutes,** là ! Je suis pas ton objet !

*A : お皿洗いが終わったら、ミントティーをいれてくれる？
B : もういい加減にしてよ！ 僕は君のおもちゃじゃない！

★Ça va bien cinq minutes.（5分だけならまだいいが）で、「それ以上長くなるのはごめんだ」→「もういい加減にしてくれ」という意味になる。

120 Ça ne te regarde pas !

[サ ヌ トゥ ルガルドゥ パ]

▶ あなたには関係ない！

A : Pourquoi tu téléphones jamais à tes parents ?
B : Excuse-moi mais **ça ne te regarde pas !** C'est pas ton problème.

A : 両親に絶対電話しないのはなんでなの？
*B : 悪いけど、あなたには関係ないよ！ あなたの問題じゃない。

★Excuse-moi mais ... は「悪いけど…」と相手に反論するときの前置き表現。

★regarderは「眺める」だが、ここでは「関係する」。〈物事 + ne regarde(nt) pas + 人〉という形で、もっぱら否定形で使われる。話し手自身のことであればÇa ne me regarde pas.（私には関係ない）となる。

121 Ça m'a fait quelque chose.
[サ マ フェ ケルク ショーズ]
▶ 何だか悲しくなった。

A : Le voir partir comme ça, je sais pas comment t'expliquer, mais **ça m'a fait quelque chose.**
B : Ouais, moi aussi. Comme un petit pincement au cœur et pourtant je le connaissais pas des masses.

*A： 彼がこんなふうにいなくなっちゃって、何て言ったらいいかわからないけど、何だか悲しくなったわ。
B： うん、僕も。ちょっとしんみりしちゃうよ。それほどよく知ってたわけじゃないのにね。

★Ça m'a fait quelque chose. の直訳は「それは私に何かを生んだ」だが、感情表現として「心を揺さぶられた」という意味。「心の動き」全般を指すので、悲しみの場合も、感動の場合もある（⇒ 379）。
★pincement：つまむこと。pincement au cœur で「(一瞬ちくっとするような) 悲しみ」を表す。

122 Ça commence à me plaire !
[サ コマンス ア ム プレール]
▶ だんだん、いらいらしてきた！

A : **Ça commence à me plaire !** Ça fait une heure qu'on tourne dans ce fichu quartier pour trouver ton magasin.
B : T'exagères ! Ça fait à peine dix minutes ! Et puis, je t'ai jamais demandé de m'accompagner. Alors arrête de te plaindre, s'il te plaît !

A： だんだん、いらついてきた！ 言ってたお店見つけるのに、この辺りをもう1時間もぐるぐるしてるよ。
*B： 大げさな！ まだ10分も経ってないのに。それにだいたい、付いてきてくれなんて言ってないし。もうぶつぶつ言うのやめてくれる！

★Ça commence à me plaire ! の直訳は「それは私に気に入り始めている」だが、これはフランス語に多い反語的表現のひとつで、実際は「だんだんいらいらしてきた」という意味を表す。Ça commence à bien faire. (うんざりだ、いい加減にしろ) も同様 (⇒ 114)。
★Ça fait + 時間 + que ...： …して〜の時間が経つ。

123 J'aurais dû faire plus d'efforts.

[ジョレ デュ フェール プリュス デフォール]

▶ もっと努力するべきだった。

A : **J'aurais dû faire plus d'efforts.**
B : Mais non, tu pouvais rien faire de plus. A ta place, on n'aurait pas fait mieux.

*A：もっと努力するべきだったのに。
 B：そんなことないよ、もうそれ以上は無理だったよ。ほかの誰だって、そこまでうまくできなかったよ。

★j'aurais dû ... は devoir (～すべきだ) の条件法過去形で、「～すべきだったのに (実際はできなかった)」とストレートに後悔の念を表すときの表現。

★faire des efforts：努力する、がんばる。ここは plus d'efforts で「もっと多くの努力」。

★à ta place は「(ほかの人が) あなたの立場になったとしたら」。

124 Tu es de quel côté ?

[テュ エ ドゥ ケル コテ]

▶ どっちの味方なの？

A : Tu aurais pu être plus sympa avec Elodie, ce soir, non ?
B : Pourquoi tu la défends toujours ? **Tu es de quel côté ?** De mon côté ou du sien ?

 A：今夜はエロディにもっと愛想よくしてあげてもよかったのに。違う？
*B：なんでいつも彼女の肩ばかり持つの？ どっちの味方？ 私？ 彼女？

★Tu aurais pu ... は pouvoir の条件法過去を用いることで、「～することもできたのに」と相手を多少責める言い方になる。

★côté は「側」だが、du côté de ... で「～の味方で」。du sien (=de son côté) は「彼女の味方で」。sien は所有代名詞で、côté の繰り返しを避けるために使われている。

125 Mon sang n'a fait qu'un tour !

[モン サン ナ フェ カン トゥール]

▶ 本当に動転した。

A : Maintenant que tu es là, je respire mais quand j'ai vu les images de cet accident à la télé, **mon sang n'a fait qu'un tour !**

B : Pourquoi tu t'imagines toujours le pire ? C'est pénible à la fin !

*A : 今、一緒にいてくれるから、ほっとしたけど、テレビであの事故の映像見たときは、もう本当に動転しちゃった。
 B : なんでいつも悪いほうへ、悪いほうへ考えるの？ やんなるよ、まったく！

★maintenant que ... で「～だから、～なので」と理由を表す。

★Mon sang n'a fait qu'un tour ! の直訳は「血が一回りだけした」。怒りや恐怖で気が動転したときの表現。

126 Je suis plus à ça près !

[ジュ スュイ プリュ ア サ プレ]

▶ もうどうだっていい。

A : On te diminue ton salaire et c'est tout l'effet que ça te fait ? Tu te marres !

B : Ecoute, **je suis plus à ça près !** Ma femme me trompe, je croule sous les emprunts, alors…

*A : 給料が下がるっていうのに、よくそんなふうにしていられるね？ 笑ってるなんて！
 B : あのね。もうどうだっていいんだ。妻には裏切られるし、借金で首が回らないし、だから…

★C'est tout l'effet que ça te fait ? は「ça (それ) があなたに及ぼす全作用は、たったそれだけなの？」→「よくそんなふうにしていられるね？」という意味。例：Tu vas bientôt être licencié et c'est tout l'effet que ça te fait ? (もうすぐ解雇されるっていうのに、なんでそんなふうに平気でいられるの？)

★se marrer: 大笑いする。くだけた言葉。

★ne plus être à ... près: もう～なんて気にしない。ここでは「そんなこと (= ça) なんてどうだっていい」となる。

127 Si c'est pas malheureux d'entendre ça !

[スィ セ パ マルル ダンタンドゥル サ]

▶ こんなこと聞くなんて残念！

A : Le bonheur ? Une maison superbe, des vacances de luxe dans un palace et un mari super riche.
B : **Si c'est pas malheureux d'entendre ça !** Pourquoi tu continues à aller à l'université ?

　　*A : 幸せ？　豪華な家と、高級ホテルで優雅なバカンス、そして超お金持ちの夫ね。
　　 B : こんなこと聞くなんて残念！　だったらどうして大学なんて行ってるの？

★de luxe : 豪華な、贅沢な。magasin de luxe で「高級品店」。

★Si c'est pas malheureux d'entendre ça. の直訳は「もしこんなことを聞くのが残念でないなら」。実際には、残念な発言を聞いた際に怒りや反発を込めて言う。

128 Je t'en ai voulu à mort.

[ジュ タンネ ヴリュ ア モール]

▶ 死ぬほど恨んだ。

A : **Je t'en ai voulu à mort** quand tu m'as quitté.
B : Pour quelle raison ? On ne s'entendait déjà plus, on passait le plus clair de notre temps à se disputer !

　　 A : 君が僕を捨てたとき、死ぬほど恨んだよ。
　　*B : なんで？　もうお互いわかり合えてなかったし、ほとんどけんかばかりしてたのに！

★en vouloir à + 人：〜を恨む（⇒ 131 ）。

★à mort：死ぬほど。

★le plus clair de ...：〜の大半、大部分。

129 Tu commences à me chauffer les oreilles ! CHECK✓

[テュ コマンス ア ム ショフェ レゾレイユ]

▶ だんだん、いらいらしてくるんだよ！

A : Oh, oh ! Tu peux t'arrêter, là ? **Tu commences à me chauffer les oreilles !**

B : Eh oh, c'est toi qui as commencé à te disputer ! Pas moi !

　A：いい加減やめてくれないか？　だんだんむかついてくるんだよ！
*B：はあ、ぎゃあぎゃあ言い出したのはそっちでしょ。私じゃない！

★commencer à + 不定詞：〜し始める。「だんだん〜してくる」とà以下の内容が本格化することを指す場合にも使われる。例：Tu commences à me fatiguer avec toutes tes histoires !（君の話には、だんだん、うんざりしてくるよ！）

★〈chauffer les oreilles à + 人〉は直訳で「〜の耳を熱くさせる」。人をカッとさせたり、いらいらさせるときに使う。

★se disputer（avec + 人）：（〜と）口論になる。

130 Il n'y a pas de quoi rire ! CHECK✓

[イル ニア パ ドゥ クワ リール]

▶ 笑いごとじゃない！

A : Quand j'ai appris qu'il avait glissé sur une merde de chien, j'étais mort de rire.

B : **Il n'y a pas de quoi rire !** Il a tout de même été hospitalisé pendant trois jours.

　A：あいつが犬のフンで滑って転んだって聞いて、死ぬほど笑ったよ。
*B：笑いごとじゃないって！　だって、結局3日間も入院したんだから。

★mourir de ...：〜が原因で死ぬ、死にそうになる。そのままの意味でも、比喩的にも使う。例：J'étais mort de froid !（寒くて死ぬかと思った！）

★Il n'y a pas de quoi rire. の直訳は「笑うようなものは何もない」。〈de quoi + 不定詞〉で「〜するもの、〜できるもの」という意味。例：de quoi manger（何か食べられるもの）

131 Je ne sais plus où j'en suis !
[ジュ ヌ セ プリュ ウ ジャン スュイ]
▶ 自分でももうわからない！

A : Tu lui en veux encore de cette séparation ?
B : **Je ne sais plus où j'en suis !** Comme Corneille, j'ai envie de dire : « Il m'a fait trop de mal pour en dire du bien mais il m'a fait aussi trop de bien pour en dire du mal ».

　A : 別れたことで、まだ彼を恨んでいるの？
＊B : 自分でもどうだかわからない。コルネイユのように言いたい気分、「あまりにもひどいことされて、彼のいいところなんて何も言えない、でもあまりによくしてもらったから、ひどいことも言えない」って。

★en vouloir à + 人：〜に恨みを抱く。
★Je ne sais plus où j'en suis. の直訳は「自分がどのような場所にいるのか、もはやわからない」。自分を見失っている様子が伝わってくる表現。
★Pierre Corneille (1606-1684) はフランスの劇作家。
★avoir envie de ...：〜したい、〜がほしい。動詞 vouloir のほかに、この表現もよく使う。
★dire du bien [mal] de + 人：〜についてよいこと [悪いこと] を言う。ここでは〈de + 人〉が en で置き換えられている。

132 Mais qu'est-ce qui m'a pris de faire ça ?
[メ ケス キ マ プリ ドゥ フェール サ]
▶ いったいなんでこんなことしちゃったんだろう？

A : **Mais qu'est-ce qui m'a pris de faire ça ?**
B : Ah ça, nous aussi, on voudrait bien le savoir !

　A : いったいなんでこんなことしちゃったんだろう？
＊B : そうね、こっちだってそう。ほんと、知りたいんだけど！

★Mais qu'est-ce qui m'a pris de faire ça ? の直訳は「何が私を捉えて、そうさせたのか？」。「なぜそうしたのか自分でもわからない」というニュアンス。文頭の mais はここでは「しかし」ではなく、「いったい」という驚きを表す。

Chapitre 3
意見・主張 フレーズ

自分の考えを述べて自己主張するのは、
とても大切なこと。
意見や感想、評価などを伝える表現を身につけよう。

133 Inutile !
[イニュティル]
▶ 無駄だよ！

A : Je vais quand même essayer de lui parler...
B : **Inutile !** Elle ne veut voir personne !

　A：でも、彼女に話してみようと思うんだけど…
＊B：無駄だって！　誰にも会いたくないみたいだよ。

★quand même：それでもやはり。
★会話では、文にしなくても、形容詞一言だけで使える。Inutile. の1語で「無駄だ、意味がない」というニュアンスがこもる。
★ne ... personne：誰も〜ない。personne は pas とは一緒に使わない。

134 T'es marrant.
[テ　マラン]
▶ 面白いね。

A : Je me demande vraiment ce que les gens attendent pour ne consommer que des produits organiques.
B : **T'es marrant,** toi ! C'est évident que le bio c'est meilleur pour la santé et tout le reste, mais c'est pas encore à la portée de tout le monde.

　A：オーガニック食品に切り替えようとしない人たちって、いったい何を考えてるんだろう。
＊B：面白いこと言うね！　オーガニックは健康にいいし、ほかにもいいところがあるのは明らかだけど。ただ、まだみんなが手が届くというわけじゃないよ。

★marrant(e) は「面白い」という意味のくだけた語。ここでは皮肉で使われている。一般的な語としては amusant(e)（面白い）がある。
★le bio は le produit biologique（自然食品）の略。会話ではこのように言う。
★meilleur(e)：（ほかのものに比べて）よりよい。bon の優等比較級。
★et (tout) le reste：〜などなど、〜とかいろいろ。例示する際に用いる。
★à (la) portée de ...：〜の手の届くところに。

135 C'est quelqu'un !
[セ ケルカン]
▶ なかなかの人だ！

A : On dira ce qu'on veut, mais Marine Le Pen dit souvent des choses justes.
B : N'importe quoi ! Elle dit surtout ce que certains ont envie d'entendre. Dans le style démago, on fait pas mieux ! Parle-moi plutôt de Taubira. Ça, **c'est quelqu'un !**

　A : みんないろいろ言ってるけど、でもマリヌ・ルペンは結構正しいこと言うようだね。
*B : とんでもない！ 彼女はだいたい、ある種の人間だけが喜ぶようなことを言ってるのよ。大衆煽動にかけてはピカイチだけどね！ それよりトビラよ。彼女はなかなかの人よ。

★Marine Le Pen, Christiane Taubira は、フランスの女性政治家。
★démago は démagogie（大衆煽動）の略。
★C'est quelqu'un. は「それは誰かだ」だが、意味は「大した人物だ」となる。

136 Il repassera.
[イル ルパスラ]
▶ 彼はだめだ。

A : Klapisch fait comme Hitchcock, il apparaît dans tous ses films.
B : Oui, j'ai remarqué. Et si comme réalisateur, il est plutôt pas mal, comme acteur, **il repassera.**

*A : クラピッシュは、ヒッチコックみたいだね。自分のどの映画にも顔を出してるよ。
　B : うん、気づいた。監督としてはなかなかだけど、役者としてはだめだなあ。

★Cédric Klapisch はフランスの映画監督。Alfred Hitchcock は主にハリウッドで活躍し、「サスペンス映画の神様」と呼ばれた映画監督。
★repasser は「再びやってくる」だが、未来形で「再びやってくるだろう → (これではだめだから) 出直してこい」という意味になる。とてもくだけた表現で、話し手の拒否・いらだちを表すこともある。

137 Quel trouillard !
[ケル トゥルイヤール]
▶ 弱虫だな！

A : C'est sans danger ? Je suis pas très rassuré, moi !
B : C'est sans aucun risque ! Sinon, ils feraient pas ce genre de manèges. **Quel trouillard !**

　A：危なくない？　何だか心配だな！
*B：危ないなんてことないよ！　そうじゃなきゃ、こんなジェットコースター作らないでしょ？　なんて弱虫なの！

★trouillardはくだけた表現で「恐がり」。より一般的にはJe suis peureux [peureuse].（私は恐がりです）のように言う。〈Quel(le) + 名詞〉で感嘆表現を作る。

138 C'était super sympa !
[セテ スュペール サンパ]
▶ とってもよかった！

A : Ecoute, **c'était super sympa** cette randonnée. On pourrait peut-être en reprogrammer une autre ?
B : Ah oui, génial ! On se rappelle en fin de semaine pour fixer ça ! D'accord ?

　A：ねえ、ハイキング、とっても楽しかったよ！　また計画しようか？
*B：うん、いいね！　じゃあ週末にまた電話して決めようよ！　いい？

★sympaは出来事やもの、人について、好印象なこと全般に非常によく使う。C'était...は半過去形で、すでに終わった出来事の感想を言うときに使う。
★génial：すごい、素晴らしい；いいね（⇒ 79 ）。

139 C'est du joli !
[セ デュ ジョリ]
▶ これはひどい！

A : Ah ben, **c'est du joli !** Mais, qu'est-ce que vous avez mis par terre ?
B : On l'a pas fait exprès, Maman ! C'est de la peinture avec de la colle !

*A：わあ、これはひどい！　あなたたちは床に何をまいたの？
　B：わざとじゃないよ、ママ！　これはね、糊を混ぜた絵の具だよ！

★joliは「きれいな」だが、C'est du joli ! という表現では反語的に「ひどい」の意味。propre（清潔な）もC'est du propre ! となると、「ひどい」の意味になる。
★On l'a pas fait exprès. は直訳すると「私たちはそれをわざとしたのではない」。謝る代わりによく使われる。例：Je n'ai pas fait exprès.（わざとじゃないんです。）

140 A mon avis,
[ア モナヴィ]
▶ 私の意見では

A : Tu te rends compte ? C'est tellement grand que j'ai du mal à imaginer combien ça peut coûter le loyer, ici !
B : **A mon avis,** un appart comme ça, ça vaut, au minimum, dans les trois ou quatre mille euros.

　　A : すごいよね？ こんなに大きかったら、いったい家賃がいくらするのか想像もつかないよ。
　*B : そうね、このアパルトマンだったら、どんなに少なく見積もったとしても、3,4000ユーロはするよ。

★Tu te rends compte ?（わかる?）は、驚きを込めて「信じられないでしょ？」と言いたいときに使われる（⇒ 60 ）。
★tellement ~ que ...: あまりに~なので、その結果…だ。
★avoir du mal à + 不定詞: ~するのが難しい。
★à mon avis: 私の考えでは。自分の意見を言い始めるときの表現。ほかにも、selon moi や d'après moi などが使われる。
★minimum: 最小限、最低限。フランス語では「ミニモム」と発音する。
★dans les + 数字: おおよそ~くらい。

141 Ça va aller !
[サ ヴァ アレ]
▶ うまくいくよ／きっと大丈夫だよ！

A : Et tu lui as prêté dix mille euros, comme ça ? Sans aucune garantie ? T'es complètement inconscient ! C'est de la pure folie !
B : Mais non, **ça va aller !** Tu me connais quand même, je suis pas le genre à prêter à n'importe qui !

　*A : あの人に10000ユーロも貸したの？ 何の保証も付けずに？ まったく軽はずみなことを！ 狂気の沙汰だわ！
　　B : そんなことないよ、大丈夫だって！ 僕が誰にでもお金を貸すような男じゃないってわかってるだろ？

★pur(e) は名詞の後ろでは「純粋な」という意味だが、名詞の前に置かれると、「純然たる、100%」という意味になる。
★folie: 狂気、気違いじみたこと。C'est de la (pure) folie. で「それは狂気の沙汰だ」。
★Ça va aller. は Ça va.（大丈夫だ）の近接未来形。この時制によって「うまくいくに決まってるよ」というニュアンスが出る。

CHAPITRE 3

142 C'est pas nouveau.
[セ パ ヌヴォ]

▶ いつものことだ。

A : Tu as vu le comportement de Jean-Luc avec le directeur ? Toujours à essayer de se mettre en avant.

B : **C'est pas nouveau** chez lui. Il perd jamais une occasion de se faire mousser.

　*A : 上司といるときのジャン＝リュックの態度見た？　常に目立とうとしちゃってさ。

　B : 今に始まったことじゃないよ。何かにつけて自分をよく見せようとしてばかりなんだから。

★se mettre en avant は「自分を前に置く」→「しゃしゃりでる」というニュアンス。

★C'est pas nouveau.：それはいつものことだ、よくあることだ。

★mousser は mousse（泡、ムース）の動詞形で「泡立つ」の意味だが、se faire mousser で「必要以上に自分をよく見せる」という表現になる。

143 Ça fait rêver !
[サ フェ レヴェ]

▶ 素敵だ！

A : L'île Maurice, Marrakech, Les Seychelles. Y a pas à dire, **ça fait rêver** !

B : Pourquoi t'essayes pas d'y aller ? Et ne me dis pas que c'est une question d'argent. Tu dépenses trois fois plus en restant en France !

　A : モーリシャス島、マラケシュ、セイシェル諸島。言うまでもないけど、素敵だなあ！

　*B : じゃあなんで行かないの？ お金がないとか言わないでよ。フランスにいても、3倍は使ってるでしょ！

★Y a pas à dire.（= Il n'y a pas à dire.）はくだけた表現で、「言うべきことはない」→「言うまでもない」。

★Ça fait rêver. は「それは夢を見させる」→「夢を見させるくらい素敵だ」ということ。

144 Je m'en fiche.
[ジュ マン フィッシュ]
▶ どうだっていい。

A : Comment peux-tu faire un discours aussi élogieux à propos de son travail alors que tu n'en penses pas un traître mot ?
B : Pense ce que tu veux, **je m'en fiche,** mais j'ai pas envie de rester un subalterne toute ma vie, moi !

*A : これっぽちも思ってないのに、よく、彼の仕事をあれだけほめられるよね？
B : どう思われようとかまわないよ。ただ、一生下っ端でいるのはいやなんだ。

★ne ... pas un traître mot : （それについて）全く～ない。traître なしでも使える。
★Je m'en fiche. : どうだっていい、私には関係ない（⇒ 115）。くだけた表現。

145 C'est pas normal.
[セ パ ノルマル]
▶ おかしいよ。

A : Pourquoi tu t'arrêtes ?
B : Le moteur chauffe trop. **C'est pas normal.**

A : なんで止まるの？
*B : エンジンがすごく熱くなってる。おかしいよ。

★moteur : エンジン。「エンジン」に似ている engin（「アンジャン」と発音）は「機械、器具」のこと。
★「普通じゃない」と normal（普通だ）を否定して「変だ」と伝える。否定表現をよく使うのがフランス語の特徴。

146 J'accroche pas trop !
[ジャクロシュ パ トゥロ]
▶ あんまりそりが合わない。

A : Il est plutôt sympa son nouveau copain, non ? Comment tu le trouves, toi ?
B : Je sais pas ! **J'accroche pas trop !** Je le trouve un peu lourdingue.

A : 彼女の今度の彼氏、結構いい感じの人じゃない？　どう思う？
*B : さあねえ！　私とはあんまり合わない。何だか彼、とろい感じがして。

★accrocher は「～をひっかける」という意味だが、〈accrocher avec ＋ 人〉で「～と気が合う」という意味。共通点や似た点があって馬が合うというイメージ。
★lourdingue は lourd(e)（重い；愚鈍な）から派生したくだけた語で、「うざい」といったニュアンスも含まれる。

CHAPITRE 3

147 A quoi bon ?
[ア クワ ボン]
CHECK✓

▶ **そんなことしたって何にもならない。**

A : Quoi ? Tu laisses tomber !? Pourquoi tu ne continues pas la lutte avec nous ?

B : **A quoi bon ?** Qu'on se batte ou pas, ils fermeront l'usine, non ? C'est qu'une question de temps, c'est moi qui te le dis.

*A : 何？ やめるの !?　なんで一緒に抗議を続けないの？
　B : そんなことしたってどうなる？　抗議しようがしまいが、工場は閉鎖でしょ、違う？　間違いなく時間の問題だよ。

★laisser tomber：（何かが）落ちるがままにする、ほうっておく（⇒ 261 ）

★A quoi bon ? は「そんなことをして何になる？」→「いや、何にもならない、無駄だ」とあきらめを表す決まり文句。

★〈que + 接続法 + ou pas (non)〉で、「～しようが、しまいが」という表現を作る。

★C'est moi qui te le dis. は「あなたにそれを言うのは私だ」→「私がそう言うんだから間違いはない」。

148 Que faire d'autre ?
[ク フェール ドートゥル]
CHECK✓

▶ **ほかに何ができる？**

A : Tu peux me dire où ça nous mène cette politique toujours axée sur le profit ?

B : A rien ! Ça ne mène à rien ! Mais **que faire d'autre ?** On est dans un cercle vicieux.

*A : 利益追求ばかり考えている政治で、私たちはどこに連れて行かれようとしているんだろう？
　B : どこにも、どこにも行きようがないよ！　でもだからといってどうしようもない。完全な悪循環にはまっちゃってる。

★Ça ne mène à rien. は「それはどこにも導かない」→「それは結局何にもならない」。「何の意味もない」と言いたいときに使う。

★Que faire ? のように疑問代名詞 que の後に動詞の不定詞を続けることができる。この場合「何ができる？」→「いや、何もできない」という反語的な意味が込められる。que には「ほかに何が？」と autre を付けることができるが、その場合は d'（= de）が必要で、faire の後に置く。

149 C'est d'un minable !
[セ ダン ミナーブル]
▶ **情けない！**

A : Tu te rends compte ? Il est allé voir le directeur pour lui dire que j'étais parti dix minutes en avance hier !
B : C'est vraiment petit ! Tout ça pour se faire bien voir. **C'est d'un minable !**

　A : 信じられる？ あいつ、昨日僕が終業の 10 分前に会社出たって、上司のところにわざわざ言いに行ったんだぜ！
＊B : ほんとにセコい！ 自分が気に入られたいからって。なんて情けない！

★Tu te rends compte ?: 信じられる？（⇒ 60 ）。
★petit(e) は「小さい」だが、「取るに足らない；せこい」という意味も持つ。
★C'est d'un + 形容詞: なんて〜だろう。
★minable: 哀れな、情けない、だめな。

150 J'ai tout donné.
[ジェ トゥ ドネ]
▶ **全てを出し切った。**

A : Vous ratez le podium d'un rien. Des regrets ?
B : Non aucun regret ! **J'ai tout donné** mais je suis tombée sur plus forts que moi !

　A : あともう少しのところで表彰台を逃してしまったわけですが、心残りは？
＊B : いいえ、全くありません。全てを出し切りましたが、自分より強い人に当たってしまいましたね。

★J'ai tout donné. は「私は全てを与えた」→「持てるもの全てを出し切った」となる。tout は複合過去形のとき、助動詞と過去分詞の間に入る。
★tomber sur ... は、ここでは「たまたま〜に当たる」ということ。
★plus forts que moi は直訳すると「私よりも強い」。ここでは「私よりも強い選手たち」を指す。

151 C'est d'un chic !

[セ ダン シック]

▶ すっごくおしゃれ！

A : Baskets vintage, pantalon pattes d'eph, un marcel. La classe, quoi !
B : **C'est d'un chic !** Surtout pour aller voir un opéra classique.

　A：ヴィンテージもののバスケットシューズに、ベルボトムのパンツに、タンクトップ。決まってるだろ！
*B：すっごいおしゃれ。これからクラシックオペラを見に行くってときには特にね。

★pattes d'eph：ベルボトム。pattes d'éléphant（直訳は「象の足」）の略。
★marcel：タンクトップ、ランニングシャツ。Marcelはもともと人の名前だが、この名はフランスでは伝統的にトラック運転手のイメージがあり、さらにトラック運転手はタンクトップを着ているイメージがあることから、このように呼ばれるようになった。
★la classe：（定冠詞を付けて）優雅さ、上品さ（⇒ 159 ）。
★C'est d'un + 形容詞：なんて〜だろう。
★chic：おしゃれな。

152 Elles sont canons !

[エル ソン カノン]

▶ みんな美人だね！

A : T'avais raison, **elles sont canons,** tes copines ! Je ne regrette pas d'être venu.
B : Par contre, moi, je regrette de t'avoir invité. T'es en train de me vider mon bar !

　A：本当にお前の友だちは、美人ばかりだね！ 来てよかったよ。
*B：私のほうは、あなたを呼んで後悔してる。お酒がもうみんな空になりそう！

★canonは「大砲」だが、無変化の形容詞として使われ、「（女性が）美人の」という意味になる。
★〈ne regretter pas de + 不定詞の複合形〉で「〜したことを後悔していない」→「〜してよかったと思う」。

153 C'est une bonne idée.
[セ ユヌ ボニデ]
▶ いいアイデアだ。

A : Pour son anniversaire, on pourrait peut-être inviter ta mère dans un bon restaurant, non ?
B : Hum, je sais pas si **c'est une bonne idée.** Elle a de moins en moins envie de sortir.

　A：お母さんの誕生日には、高級レストランに招待するってのはどう？
*B：うーん、どうかな。最近あまり外に出たがらないんだよね。

★C'est une bonne idée.（それはよいアイデアだ）は、相手の提案に賛成するときに最もよく使われる表現のひとつ。Bonne idée ! だけでも OK。ここでは Je (ne) sais pas si ...（〜かどうかわからない）を付けて、ためらいを表す。

★de moins en moins：だんだん少なく。「だんだん多く」は de plus en plus。

154 C'est pas si mal.
[セ パ スィ マル]
▶ 結構いいよ。

A : Je m'attendais à plus grand comme maison.
B : Pour quelqu'un qui est parti de rien, je trouve que **c'est** déjà **pas si mal.**

*A：もっと大きい家を期待してたんだけど。
　B：無一文から身を立てたにしては、これでもすでになかなかのものだと思うけど。

★s'attendre à ...：〜を予期する。attendre は「待つ」。

★comme maison：家としては。comme が「〜として」の意味で使われるとき、名詞は無冠詞が普通。

★partir de rien の直訳は「何もないところから出発する」。

★trouver que ...：〜だと思う。

★pas si mal のように、ネガティブな意味の単語を否定して、ポジティブな意見を言うのがフランス語の特徴。si mal は「かなり悪い」だが、否定の pas が付いて「それほど悪くない」→「結構いい」とポジティブな意味にひっくり返る。

155 moi, à ta place,
[モワ ア タ プラス]
▶ もし私だったら

A : Pour les vacances, j'hésite un peu entre l'Angleterre et l'Irlande.
B : **Moi, à ta place,** j'hésiterais pas. L'Irlande ! En tant que Français, partout, on y est toujours super bien reçus.

　A : 休暇で、イギリスかアイルランドかどっちにするか、少し迷ってるんだ。
 *B : 私だったら、迷わず、アイルランド！ フランス人は、アイルランドではどこに行っても歓迎されるから。

★si j'étais à ta place（もし私があなたの立場だったら）が元の言い方だが、会話では省略され、moi, à ta place となる。je は動詞と一緒にしか使えないので、moi となる。

★en tant que …: 〜として。

★reçu は recevoir（受け取る；（客を）迎える）の過去分詞。être bien reçu で「歓迎される」の意味。

156 Très peu pour moi !
[トゥレ プ プール モワ]
▶ そんなのごめんだ！

A : Tu ne prends jamais le métro pour rentrer chez toi ?
B : Certainement pas ! Toutes ces rames aux heures de pointe pleines à craquer, et ce sentiment d'être serrés comme des sardines, **très peu pour moi !**

 *A : 家に帰るのに地下鉄に乗らないの？
　B : 絶対乗らない！ ラッシュアワーの時間の電車は、満員ではちきれそうだし、ぎゅうぎゅう詰めになる感覚って、ホントごめんだよ。

★être serrés comme des sardines は「（缶詰の）イワシのようにぎゅうぎゅう詰めだ」という比喩表現。

★Très peu pour moi ! の直訳は「それは私にとってはほとんどないものだ」だが、「そんなのは願い下げだ」という拒否の表現として使われる。

70　CHAPITRE 3

157 Ça vaut le coup.
[サ ヴォ ル ク]
CHECK✓
▶ **それだけの価値がある。**

A : Dix jours tout compris dans un quatre étoiles pour mille euros. T'en penses quoi ?
B : Ben n'hésite pas ! **Ça vaut le coup,** non ?

　A：10日間、全て込みで、4つ星ホテル、1000ユーロ。どう思う？
　*B：迷う必要ないよ。それだけの価値アリでしょ。

★un quatre étoiles は un hôtel (à) quatre étoiles の略。étoile（星）は女性名詞だが、hôtel が男性名詞なので un が使われている。

★Ça vaut le coup. は「それをする価値はある」という意味で、決まり文句として覚えたい。不定詞は valoir（価値がある）。

158 Ça vaut peut-être mieux.
[サ ヴォ プテトゥル ミィゥ]
CHECK✓
▶ **そのほうがいいかもね。**

A : On ferait mieux de passer la nuit ici. Tu n'es pas en état de conduire.
B : T'as raison, **ça vaut peut-être mieux** vu tout ce que j'ai bu.

　*A：ここに泊まったほうがいいよ。運転できる状態じゃないし。
　B：確かに、そのほうがいいかもね。もうこんなに飲んじゃったし。

★faire mieux de + 不定詞：〜したほうがいい。

★Ça vaut mieux. の直訳は「それはより多く価値を持っている」。フォーマルな言い方では、ça ではなく il を使う。例：Il vaut mieux vérifier ça sur Internet, c'est plus sûr.（インターネットで調べたほうがいいよ、そのほうが確実だから。）

159 Je suis classe, non ?
[ジュ スュイ クラース ノン]
CHECK✓
▶ **いい感じでしょ？**

A : Comment tu me trouves aujourd'hui ? **Je suis classe, non ?**
B : J'avoue ! Pour une fois, c'est classe ! C'est même la très grande classe.

　A：今日の格好どう思う？ いい感じじゃない？
　*B：はっきり言って、今回は素敵！ とっても素敵よ。

★classe は「気品・優雅さがあって素敵な」という意味だが、もっとくだけて「おしゃれな、決まってる」という意味でもよく使う。

★pour une fois は「（今まではそうでなかったけれど）今回に限っては」というニュアンス。

CHAPITRE 3

160 Ça sert à rien.
[サ セーラ リアン]
▶ **全くの無駄。**

A : Bon, je fatigue, là. En plus, **ça sert à rien,** la mayonnaise ne prend pas !
B : Evidemment, comme d'habitude, t'as mis trop d'huile.

　A：はあ、疲れた。それに、全くの無駄、マヨネーズ固まってないもん！
＊B：確かに、いつもそうだけど、油の入れすぎ。

★servir à ...: 〜の役に立つ。rien を伴い、「無駄だ、意味がない」というあきらめの表現としてよく使われる。

★prendre は、ここでは自動詞で「固まる」を意味する。

161 C'est l'occasion ou jamais.
[セ ロカズィオン ウ ジャメ]
▶ **またとないチャンスだよ。**

A : Regarde ! Elle est assise toute seule. **C'est l'occasion ou jamais.** Va lui parler !
B : Arrête de me mettre la pression. Je suis pas encore prêt.

＊A：ほら！ 彼女、一人で座ってるよ。またとないチャンスよ。話しかけなよ！
　B：プレッシャーかけるのはやめてくれ。まだ心の準備ができてないんだ。

★C'est l'occasion ou jamais. は「それは絶好の機会だ、(それを逃すと) もう二度とない」という意味。

162 Ça coûte rien d'essayer.
[サ クトゥ リアン デセイエ]
▶ **試してみたら？**

A : Tu crois que je peux tenter ma chance chez Macdo ?
B : **Ça coûte rien d'essayer.** Ils embauchent pas mal en ce moment.

　A：マクドナルド、受けるだけ受けてみていいと思う？
＊B：試してみてもいいんじゃない。今、結構雇ってるし。

★tenter sa chance: 運を試す。

★フランス語では、特に話し言葉で「マクドナルド」のことを Macdo と略す。

★Ça coûte rien. で「それはただだ」。ça はここでは d'essayer (試すこと) を指す。「試すことにお金はいらないから、やってみたら」というニュアンス。

163 C'est pas joli joli !

[セ パ ジョリ ジョリ]

▶ それはだめだ！

A : Il l'a abandonnée sans argent pour s'installer avec une jeunette aux Antilles.

B : **C'est pas joli joli !** C'est à désespérer de la nature humaine !

*A : あの男、慰謝料もなしに奥さん捨てて、若い女とアンティル諸島に行っちゃったのよ。
B : それはだめだ！ 人間って実にひどいもんだね！

★C'est pas joli joli ! は「それは非難すべきだ、よくないことだ」という口語表現。

★désespérer de ... :〜に絶望する、〜をあきらめる。à ... は「〜するほどまでだ」と程度を表し、C'est à désespérer. で「それは絶望さえするほどだ」。

164 Ça me branche pas !

[サ ム ブランシュ パ]

▶ 興味ない。

A : Y a une exposition Kandinsky. Ça t'intéresse ?

B : Non, **ça me branche pas** du tout ! J'y comprends rien.

A : カンディンスキーの展覧会やってるよ。興味ある？
*B : ううん、全然興味なし！ 理解できないもん。

★Y a ... は Il y a ... のことだが、会話では発音が「イリア」ではなく、「イヤ」となることが多い。

★物事 + brancher + 人：物事が人の興味を引く。「興味を引く」は一般的には intéresser が使われるが、brancher はくだけた表現で、会話でよく使われる。

165 Y a de l'idée.

[イヤ ドゥ リデ]

▶ 着想は面白い。

A : Tu n'as pas l'air d'avoir apprécié son film ?

B : Non, non, c'est pas ça ! **Y a de l'idée** mais ça manque encore de maturité. Tu vois ce que je veux dire ?

*A : この監督の映画、気に入らなかったみたいね？
B : ううん、そんなことないよ！ ただ、着想はいいんだけど、まだ完成途中かな。言いたいことわかる？

★(Il) y a de l'idée. は、idée（考え）に部分冠詞（de l'）を付けただくけた表現。「計画としては興味深いが、実現には至っていない」というニュアンスで使う。

★Tu vois ce que je veux dire ? の voir は「わかる」。相手の理解を確認する表現。

CHAPITRE 3

166 C'est pas mon truc.

[セ パ モン トゥリュック]

▶ 僕の趣味じゃない。

A : Tu es vraiment sûr que tu ne veux pas m'accompagner, ce soir ?
B : Oui, absolument sûr ! Tu sais bien que ce genre de soirées mondaines, ça me casse les pieds ! Me forcer à sourire sans arrêt à de sombres crétins, **c'est pas** trop **mon truc.**

*A : 本当に今夜は一緒についてきてくれないの？
 B : 絶対やだよ！ ああいう類いの社交パーティはうんざりだよ！ あのどうしようもないアホどもにずっと笑顔でいなきゃいけないなんて、僕の趣味じゃないから。

★Ça me casse les pieds. の直訳は「それは私の足を折る」。これで「うんざりだ」の意味で使う。

★sombre は「暗い」だが、くだけた表現で「ひどい」という意味になる。

★C'est pas mon truc. の truc は「分野、専門領域」という意味。

167 Ça marche à merveille.

[サ マルシュ ア メルヴェイユ]

▶ とっても順調。

A : Alors, tout marche bien pour eux ?
B : Oui, oui ! Ça marche très fort. Ils ont tous les deux un bon poste en CDI. Et entre eux aussi, **ça marche à merveille.** Alors, que demander de plus ?

*A : ねえ、うまく行ってる、あの二人？
 B : うん、うん！ とてもうまく行ってるよ。二人とも定職についてるし、二人の間もそれは順調だよ。もうこれ以上何を望むって感じだよ。

★marcher は「歩く」のほかに「（物事が）うまくいく」の意味がある。

★CDI は contrat à durée indéterminée（期限なし雇用契約）の略。もうひとつの契約形態が CDD = contrat à durée déterminée（期限付き雇用契約）。

★merveille は名詞で「すばらしいもの」。à を付けると副詞として、動詞と一緒に使える。

168 Y a pas photo.
[イヤ パ フォト]

CHECK✓

▶ **はっきりしている。**

A : On me propose un poste au choix, soit Berlin, soit Paris. Tu ferais quoi, toi ?

B : Alors là, aucune hésitation. **Y a pas photo.** Berlin ! Tout y est tellement moins cher.

　*A : ポストをひとつ用意するって言われてて、ベルリンかパリを選べるの。あなたならどうする？
　 B : それなら迷うことないよ。決まってるって。ベルリンだよ！ 物価が全然安いもん。

★Y a pas photo. の直訳は「写真はない」だが、「競馬で写真判定をする必要がないほど結果がはっきりしている、(比べるまでもなく)明らかだ」というところから生まれた表現。正式には Il n'y a pas photo. だが、くだけた会話では発音が「イヤ」となるため、Y a ... と省略してつづる。

169 Ça ressemble à rien.
[サ ルサンブル ア リアン]

CHECK✓

▶ **意味不明。**

A : Je sais pas comment t'arrives à te passionner pour le base-ball. **Ça ressemble à rien,** ce sport !

B : Tu dis ça parce que t'y connais rien. Etudie les règles et on en reparlera après.

　 A : なんでそんなに野球が好きなのかわからないよ。意味わかんないよ、こんなスポーツ。
　*B : 何にも知らないからそんなこと言うんでしょ。野球のルール勉強しなって。それから話そうよ。

★Ça ressemble à rien. は「それはほかに似るものがない」という意味だが、「意味不明だ」という否定的な表現として使われる。

★connaître à ...: ～についての知識がある (⇒ 112)。ちなみに、フランスでは野球はほとんど普及していない。

CHAPITRE 3

170 Ça revient au même.
[サ ルヴィアン オ メム]
▶ 結局同じことだ。

A : Finalement qu'on ait un président de gauche ou de droite, pour nous ça change pas grand-chose. **Ça revient au même,** non ?

B : Dans notre quotidien immédiat, peut-être mais dans l'absolu, c'est pas vrai !

> A : 結局、左の大統領でも、右の大統領でも、我々にとっては大した違いがないね。結局同じことじゃない？
> *B : 日々の生活では、そうかもしれないけど、そんな条件を全て抜きにすれば、違うと思う。

★grand-chose：大したこと。常に否定表現で用いて「大して〜ない」となる。

★Ça revient au même. は「それは同じところに戻ってくる」→「結局違いはない、同じことだ」となる。

171 T'en rates pas une !
[タン ラットゥ パ ユヌ]
▶ あいかわらず抜けてるね。

A : D'abord, je lui dis madame alors que c'était un homme. Et ensuite, y avait une jeune femme avec lui, je lui demande si c'est sa fille. Evidemment, c'était sa femme !

B : Décidément, **t'en rates pas une !**

> A : 最初ね、「マダム」って声かけたら、男性だったんだ。で、若い女の人と一緒だったから、「娘さんですか？」って尋ねたんだけど、もちろん奥さんだったわけ！
> *B : やっぱり、あいかわらず抜けてるね。

★décidément：確かに、やっぱり（⇒ 3 ）。

★rater：しくじる。en は occasion（機会）の代わりで、T'en rates pas une. は文字どおりには「ひとつの機会も逃さない」。だがこれは皮肉で、いつもしくじってばかりいる人に使う。

172 Tu es d'une naïveté !
[テュ エ デュヌ ナイヴテ]
▶ なんてお人好しなの！

A : Et si tu trouves moins cher ailleurs, SMARTY te rembourse la différence.
B : **Tu es d'une naïveté !** Tu crois vraiment tout ce qu'on te dit !

 A：もしほかでもっと安いのを見つけたら、スマルティは差額を払い戻してくれるよ。
 *B：どこまで人がいいの！ 店の言ってることを本気にしてるなんて！

★Tu es d'une naïveté. は Tu es naïf [naïve]. と言っても同じ。〈être de + 名詞〉で、〈être + 形容詞〉と同じ働きをする。naïf は「ナイーブな、繊細な」ではなく「世間知らずな」を意味する。

★tout ce qu'on te dit は「人があなたに言うことすべて」。que は関係代名詞。

173 J'y crois qu'à moitié.
[ジ クロワ キャ モワティエ]
▶ 半信半疑だ。

A : Tu as lu ça ? D'après un rapport scientifique, les ondes des portables ne seraient pas si dangereuses que ça.
B : **J'y crois qu'à moitié,** moi, à ce rapport. Les résultats sont contestés par de nombreux scientifiques.

 A：これ読んだ？ ある科学の研究報告書によると、携帯の電波はそれほど危なくないらしいよ。
 *B：その報告はどうかと思うな。その結果には結構多くの科学者が反論してるし。

★ne pas si ... que ça：それほど〜ではない。

★croire à ...：〜を信じる。à 以下をまず代名詞 y で受けて、その内容（à ce rapport）を後ろで言うことは、会話では頻繁にある。à moitié は「半分で」。

174 Je fais le maximum.
[ジュ フェ ル マクシモム]

▶ 精一杯やっている。

A : Je ne comprends pas ce que tu me reproches. **Je fais le maximum** pour vous !

B : Justement ! Tu en fais trop et tu n'es jamais à la maison.

　A：なんで文句言われるのかわかんないよ。みんなのために精一杯やってるのに！
*B：だからよ。働き過ぎ。家にいたためしがない。

★maximum（最大限）の発音は「マクシモム」。Je fais le maximum. の類義表現に、Je fais de mon mieux.（最善を尽くしてやっている）がある。

★en faire trop：やり過ぎる。

175 Tu es mauvaise langue !
[テュ エ モヴェーズ ラング]

▶ 口が悪いなあ！

A : La soirée d'hier chez Emma, c'était trop nul ! Que des ringards, et presque rien à manger par-dessus le marché !

B : **Tu es** vraiment **mauvaise langue !** C'était pas si mal que ça.

　A：昨日のエマのところのパーティ、本当にひどかった！ くだらない人間ばかりだし、その上食べるものもほとんどないし！
*B：本当に口が悪いなあ！ そんなにひどくなかったよ。

★marché は「市場（いちば）；取引」だが、par-dessus le marché は熟語で、「さらに、その上」という意味になる。

★mauvaise langue は「悪い舌」すなわち「毒舌、毒舌家」のこと。

176 Ça donne à réfléchir.
[サ ドヌ ア レフレシール]

▶ きちんと考えてみるきっかけになる。

A : Moi, je trouve que le tourisme dans les pays pauvres, c'est du voyeurisme.

B : Oui, on peut le voir comme ça mais quand même, quelque part, **ça donne à réfléchir.**

　A：僕は、貧困国への旅行は、単なるのぞき趣味だと思う。
*B：うん、そういう見方もあるかもしれない。でもそれでも、何か、きちんと考えてみるきっかけになると思うよ。

★donner à + 不定詞：〜する種を与える。Ça donne à réfléchir. は「それは熟考を促す種を与える」となる。

CHAPITRE 3

177 J'avais prévu le coup !
[ジャヴェ プレヴュ ル ク]
▶ こんなこともあるかと思ってたんだ。

A : Mais cette route est complètement défoncée ! Tu le savais ?
B : Tu me prends pour qui ? Pourquoi tu crois que j'ai loué un 4X4 ? **J'avais prévu le coup !**

*A：この道は穴ぼこだらけだね！ 知ってた？
B：僕を誰だと思ってるんだ？ なんで四輪駆動を借りたと思ってるの？ こういうこともあるってちゃんと見通してたんだよ。

★prendre ~ pour ... : ~を…と思う。Tu me prends pour qui ? は「私を誰だと思ってるの？」。

★prévoir: 予想する；(あらかじめ) 準備する、備える。ここでは大過去形で「前からちゃんと準備していた」というニュアンスが出る。

★coup はここでは「突然起こりうること」。

178 C'est un peu léger.
[セ アン プ レジェ]
▶ ちょっと物足りない。

A : Et c'est tout ce que vous avez comme expérience professionnelle ? C'est un peu court ! Et votre formation aussi, **c'est un peu léger !**
B : Mais non, Madame, c'est parce que j'ai pas tout marqué ! Je voulais pas frimer.

*A：職歴はこれだけですか？ ちょっと少ないですね！ 研修もちょっと物足りないですね！
B：いえ、マダム、全部書かなかったのです。見栄を張りたくなかったので。

★léger は「軽い」だが、「物足りない、情報が少ない、理由としては弱い」などと言いたいときによく使われる。

★フランスには日本のような就職活動はなく、職歴 (expérience professionnelle) を積み、短期の研修 (formation) などを経験してキャリアを作っていくのが一般的。

★frimer はくだけた表現で「格好をつける、自分をよく見せる」という意味。

179 C'est tout ou rien.
[セ トゥトゥ リアン]
▶ 極端だ。

A : Un jour, il est super sympa et le lendemain, on sait pas pourquoi, il est exécrable.

B : Oui, je sais, avec lui, **c'est tout ou rien.** Et comme c'est le chef, on s'écrase.

  *A : すごく愛想のいい日があるかと思うと、翌日はどういうわけか、すごく機嫌悪かったりするんだよね。
  B : ほんとにそう。どっちかなんだよ。これが上司なんだから、こっちはおとなしくしてるしかない。

★C'est tout ou rien.: 全てか無かのどちらかだ。「極端だ」ということ。

★s'écraser（つぶれる）は、くだけた表現で「口答えせずにおとなしくしている」という意味で使われる。

180 C'est pas gagné d'avance.
[セ パ ガニェ ダヴァーンス]
▶ 先行き不透明だ。

A : Je suis frappée par le nombre croissant de jeunes SDF dans les rues.

B : Ben tu sais, trouver du boulot dans un pays en crise, à plus forte raison quand t'es sans diplôme et sans expérience, **c'est pas gagné d'avance.**

  *A : 若いホームレスがそこら中に増えてきてることにびっくりだわ。
  B : うん、国の経済が落ち込んでいるのに、仕事が見つかるか、なかなか難しいね。特に学位や職歴がなかったらなおさらだよ。

★frappé(e)：（心を）打たれた、衝撃を受けた。

★SDF = sans domicile fixe（決まった住居のない）で、「ホームレス」を指す。

★C'est gagné. は「うまくいく、成功だ」。d'avance は「前もって」。否定文 C'est pas gagné d'avance. で「うまく行くかは事前にはわからない」となる。

181 Ça cache quelque chose !
[サ カッシュ ケルク ショーズ]
▶ **これは何かあるね！**

A : Le patron m'a fait un cadeau, aujourd'hui !
B : **Ça cache quelque chose !** Il est pas du genre à faire des cadeaux sans rien demander après. Moi, à ta place, je me méfierais.

　A：今日、上司からプレゼントをもらったよ！
*B：何かあるね！ あの人は贈り物なんかする人じゃない。きっと後で何か頼んでくるよ。私だったら、用心するな。

★cadeau：プレゼント。présent という語もあるが、古めかしい響きがある。
★être du genre à + 不定詞：～するタイプである。
★moi, à ta place：もし私だったら (⇒ 155)。

182 C'est nul de dire ça.
[セ ニュル ドゥ ディール サ]
▶ **そんなこと言うなんて最低。**

A : Comment tu peux sortir avec Véronique ? Elle est nulle !
B : **C'est nul de dire ça,** tu la connais même pas !

*A：よくヴェロニックとなんか付き合っていられるね？ 彼女つまんないよ！
　B：そういうこと言うって最低だな。彼女のこと知ってさえいないくせに！

★sortir avec + 人：～と付き合っている；～と外出する (⇒ 375)。
★nul(le) は「無能の、価値がない」という意味だが、C'est nul de ... の形で「～は最低だ、考えられない」の意味になる。

183 Tout est rentré dans l'ordre.
[トゥテ ラントゥレ ダン ロルドゥル]
▶ **すっかり元どおり／万事順調。**

A : Comment s'est passée ta rentrée ?
B : Plutôt bien. Au début, j'étais un peu tendue tout comme les élèves. Et puis après le round d'observation, **tout est rentré dans l'ordre.**

　A：新学期が始まって、どう？
*B：結構いいよ。最初は、生徒と同じく、ちょっと緊張してたけどね。様子見段階も終わって、もうすっかりいつもどおり。

★rentrée：再開。「新学期、新学年、復帰」など、広い意味を表す。
★Tout est rentré dans l'ordre. は「全てがしかるべきところに落ち着いた」の意味。

CHAPITRE 3

184 Ça partait d'un bon sentiment.
[サ パルテ ダン ボン サンティマン]

▶ よかれと思ってしたんだけど。

A : Papa, je sais que **ça partait d'un bon sentiment** mais la prochaine fois, abstiens-toi de téléphoner à Rémy !

B : J'ai cru bien faire. Je voulais arranger les choses entre vous deux.

　*A : パパ、よかれと思ってしてくれたのはわかるけど、今度からレミに電話をしたりするのはやめて！
　　B : そのほうがいいと思ったのに。二人に仲直りしてほしかったんだ。

★Ça partait d'un bon sentiment.の直訳は「それは思いやりの気持ちから発していた」。partir de ... は「～から出発する」だが、比喩的に、行動の原因を示すためにも用いられる。

★croire + 不定詞：～のような気がする。croireには「信じる」だけではなく、このように「気がする」という意味もある。

185 Je ne demande pas mieux.
[ジュ ヌ ドゥマンドゥ パ ミュウ]

▶ そうしたいのはやまやまだけど。

A : Pourquoi tu ne l'aides pas dans ses démarches administratives ? Ça ne doit pas être évident pour lui, vu son niveau de français.

B : Mais **je ne demande pas mieux.** Mais il est bien trop fier pour ça. Il veut absolument se débrouiller seul.

　A : なんで事務手続きを手伝ってあげないの？ 彼のフランス語のレベルからしたら、結構大変だよ。
　*B : そうしてあげたいのはやまやまだけど、彼、すごくプライドが高いみたいで、とにかく一人でやりたいんだって。

★Je ne demande pas mieux.の後にque de l'aider（彼を助けることより）が省略されている。「（彼を助ける）以上のことは求めない」→「それこそがしたいことだ」となる。文脈がはっきりしていればque以下を略す場合も多い。

★trop ～ pour ...：…するには、あまりに～だ。Il est bien trop fier pour ça.は「そうするには彼はあまりにも自尊心がありすぎる」→「自尊心がありすぎて、そうできない」。

186 Ce n'est pas mon genre !
[ス ネ パ モン ジャーンル]
▶ 私がそんなことするわけがない。

A : Votre devoir est très bien. Trop bien, peut-être ? Vous n'auriez pas triché ?
B : Non, Monsieur ! **Ce n'est pas mon genre !**

   A : 君の宿題、よくできてるね。できすぎじゃないかと思うくらいだ。カンニングはしてないよね？
 *B : いいえ、先生。私がそんなことするわけないじゃないですか！

★tricher: カンニングする、いんちきをする。Vous n'auriez pas triché ? は条件法過去で、「ひょっとして〜していないか？」という推測を表す。

★genre（種類、タイプ）は所有形容詞を付けて「〜のやり方」を特に指す。Ce n'est pas mon genre ! は「それは私のやり方ではない」→「私がそんなことするわけがない」というニュアンス。

187 Ça m'emballe pas des masses.
[サ マンバル パ デ マス]
▶ あんまり興味ない。

A : Tiens, il passe *Pulp Fiction* sur Arte. On le regarde ?
B : Bof ! **Ça m'emballe pas des masses !** Tu sais, moi, Tarantino, je suis pas très fan.

   A : あ、アルテで「パルプ・フィクション」やるよ。見ようか？
 *B : ああそう！ あんまり興味ないな！ ね、タランティーノって、あんまりファンじゃないの。

★⟨il passe + 名詞⟩は、非人称表現で「〜が通過する」。ここでは「プログラムが上映[放映]される」という意味。
★Arte（アルテ）はフランス・ドイツ共同出資の放送局。
★emballer:（人を）夢中にさせる。
★masse は「塊；大衆」といった意味があるが、ここでは「たくさんの量」を意味し、否定なので「あまり〜でない」となる。
★Quentin Tarantino は現代のアメリカを代表する映画監督。

CHAPITRE 3

188 C'est malheureux à dire mais...
[セ マルル ア ディール メ]
▶ こんなこと言うのは残念だけど…

A : Moi, je suis choquée par tous ces étrangers qu'on renvoie chez eux !
B : Ecoute, **c'est** peut-être **malheureux à dire mais** on ne peut pas s'occuper de toute la misère du monde.

*A : この外国人たちをことごとく本国に送還なんてショックよ！
B : まあ、こういうこと言うのは残念かもしれないけれど、世の中の貧困を全て引き受けることはできないよ！

★renvoyer: 送り返す。ここでは、滞在許可証を持たない外国人の送還を問題にしている。

★C'est (peut-être) malheureux à dire mais... は、言いにくいことを切り出すときの前置き表現。〈C'est + 形容詞 + à + 不定詞〉で、「～するのは…だ」という意味。

★s'occuper de ...: ～を引き受ける、～に関わる。ここでは tout（全部の）が否定されて、「全て引き受けられるわけではない」という部分否定を表す。

189 C'est toujours mieux que rien.
[セ トゥジュール ミュウ ク リアン]
▶ 何もないよりはまし。

A : Toi, avec un bac+5, tu travailles comme caissière ?
B : Ecoute, en attendant des jours meilleurs, **c'est toujours mieux que rien,** tu crois pas ?

A : 修士出てて、レジ打ちの仕事なの？
*B : あのね、とにかく今は、何もないよりもましでしょ、そう思わない？

★bac+5（「バック・プリュス・サンク」と発音）は、bac = baccalauréat（大学入学資格試験）後、学士課程（licence）3年、修士課程（master）2年の計5年を終えたということ。フランスでは学歴を言うときに、〈bac + 勉強を続けた年数〉で表すことが多い。

★en attendant des jours meilleurs は「もっとよい日を待ちながら」→「とりあえず今のところは」というニュアンス。

★mieux que rien は比較を使った表現で、「rien（何もない）よりはよい」。C'est toujours mieux que rien. は、十分ではないが現状を認めるときによく使う表現。

190 On n'a rien sans rien !

[オナ リアン サン リアン]

▶ 何もしなければ何も得られない。

A : Pour avoir ce poste, j'ai dû faire des pieds et des mains ! Tu peux pas savoir.
B : C'est partout pareil ! **On n'a rien sans rien !**

　A：このポストを得るのに、あらゆる手段を使わなくてはならなかったよ。想像できないでしょ。
　*B：どこでも同じ！ 何もしなければ、何も手に入らないってことでしょ。

★j'ai dû は devoir（〜しなくてはならない）の複合過去形。

★faire des pieds et des mains の直訳は「足も手も使う」で、「あらゆる手段を使う」となる。

★On n'a rien sans rien.：何もしなければ何も得られない。類義表現に On n'a rien sans mal.（苦労なくしては何も得られない）がある。

191 Je voudrais bien t'y voir.

[ジュ ヴドゥレ ビアン ティ ヴォワール]

▶ 君がそうするのを見てみたいよ。

A : Oh, le nullard ! Comment peut-on rater une telle occasion de but ?
B : T'es marrante, toi ! Il fait ce qu'il peut. **Je voudrais bien t'y voir.**

　*A：ああ、だめなヤツ！ どうやったらこのシュートのチャンスを失敗できるの？
　B：面白いこと言うね！ あいつ、精一杯やってるよ。お前が代わりにやってみるのを見てみたいよ。

★形容詞の nul から作られた nullard は「だめな人」を意味する。-ard を付けると、侮蔑的なニュアンスが生まれる。例えば campagne（田舎）に -ard を付けると campagnard（田舎者）となる（⇒ 86 ）。

★Je voudrais (bien) t'y voir. の直訳は「君がその状況にいるのを見てみたいものだ」。「君でも同じようにすると思うよ」と相手をたしなめる表現。例："T'as qu'à", "t'as qu'à" ... Facile à dire, je voudrais bien t'y voir, toi.（「すればいい」「すればいい」って、言うのは簡単だけど、自分だっていざとなったらどうするかわかんないでしょ。）

CHAPITRE 3

192 On ne vit qu'une fois.
[オン ヌ ヴィ キュヌ フォワ]

▶ 人生は一度だけ。

CHECK✓

A : Moi aussi, un petit voyage en amoureux à Venise, ça me plairait bien. Mais je suis pas sûr que financièrement on puisse se le permettre en ce moment.

B : Oh, s'il te plaît! Pour une fois, essaie d'être un peu moins raisonnable! **On ne vit qu'une fois.**

　A : 僕だって、恋人同士でヴェネチアに旅行できたら、そりゃあいいなあって思うよ。でもお金のことを考えると、今の状況では、たぶん無理かな。

＊B : ねえ、お願い！ 今回だけは、そんな、頭だけで考えないでよ。人生は一度だけよ。

★Ça me plairait bien. の直訳は「それは私に気に入るだろう」。条件法現在なので、「そうだったらいいなあ（でも現実的には難しい）」という気持ちを表す。

★pour une fois： 一度だけは、今回に限って（⇒ 159 ）。

193 C'est toujours ça de pris.
[セ トゥジュール サ ドゥ プリ]

▶ ないよりはましだ。

CHECK✓

A : Félicitations pour ton CDI!

B : Ouais, bof! Mille quatre cents euros brut avec un bac+5, c'est pas le pied! Enfin, quand je vois tous les autres qui continuent à ramer, je me dis que **c'est toujours ça de pris!**

＊A : 期限なしの雇用契約、おめでとう！

　B : うん、まあね！ 修士修了で税込みで 1400 ユーロだよ。それほど嬉しくはないよ。でもずっと苦労してる人もいるし、あるだけましと思わないとね。

★CDI は contrat à durée indéterminée （期限なし雇用契約）の略（⇒ 167 ）。

★bac は baccalauréat の略。会話では学歴を言うとき、〈bac ＋ 勉強を続けた年数〉で表す（⇒ 189 ）。

★C'est le pied. はくだけた表現で「それは素晴らしい」。

★C'est toujours ça de pris.： ないよりはましだ。C'est autant de pris. とも言う。

194 C'est pas de ma faute.
[セ パ ドゥ マ フォトゥ]
▶ 私のせいじゃない。

A : C'est à cette heure-là que tu arrives ?
B : **C'est pas de ma faute,** j'ai changé à Auber au lieu de St Lazarre.

　　*A : こんな時間になっちゃったの？
　　B : しょうがないだろ。サン＝ラザールじゃなくて、オベールで乗り換えちゃったんだ。

★C'est pas (de) ma faute. の直訳は「それは私の過ちに属さない」。謝る代わりによく使われる表現。faute は「過失；責任」の意味。de は省略することもある。

195 Je ne suis pas branché.
[ジュ ヌ スュイ パ ブランシェ]
▶ 興味ない。

A : Un restaurant indien, ça te dit ?
B : Non, **je ne suis pas** très **branché** nourriture exotique.

　　*A : インド料理なんて、どう？
　　B : うーん、エスニック料理にはあまり興味はないな。

★Ça te dit ?（それは君の興味を引く？）は提案の表現。
★brancher（興味を引く；⇒ 164 ）の過去分詞を形容詞として使って、〈être branché(e) ＋名詞〉（～に興味がある）というくだけた会話表現になる。

196 Il n'en est pas question !
[イル ナンネ パ ケスティオン]
▶ とんでもない！

A : Papa, je peux sortir ce soir ?
B : Non, **il n'en est pas question !** Je ne sais pas si t'es au courant mais ton bac c'est dans trois jours.

　　*A : パパ、今夜遊びに行っていい？
　　B : だめ、とんでもない！　わかってるのかな、バカロレアの試験は3日後だよ。

★Il n'est pas question de ...：～は問題外だ。ここでは de ... が代名詞 en で置き換えられている。ほかにも C'est hors de question ! や、さらにくだけた Pas question ! という言い方がある。
★être au courant：（ある情報を）知っている（⇒ 66 ）。

CHAPITRE 3

197 C'est bien fait pour lui.
[セ ビアン フェ プール リュイ]
▶ いい気味だ。

A : Dis-donc, Marc, tu l'as pas raté. Il ne savait plus où se mettre.
B : **C'est bien fait pour lui.** Il n'avait pas qu'à m'agresser en début de réunion.

　A : いやあ、マルクに思い知らせてやったね。彼も、もうどうしていいかわからない感じだったよ。
*B : いい気味。会議の最初、ずっと私を攻撃してたし。

★〈ne pas rater + 人〉は、直訳すると「〜を逃さない」だが、「うまくしとめて、こらしめる」という意味で使う。

★C'est bien fait pour lui. の直訳は「それは彼のためによくできている」だが、「それは彼におあつらえ向きだ、それは当然の報いだ」という意味で使う。

198 Ça me fait pas peur !
[サ ム フェ パ プール]
▶ どうってことない！

A : Moi, me lever tous les matins à 5h, me taper les embouteillages et me farcir des collègues exécrables, **ça me fait pas peur !**
B : Tant mieux pour toi mais on en reparlera dans un an.

　A : 毎朝5時に起きて、渋滞に巻き込まれ、おまけにいやな同僚をしょいこんでも、どうってことないよ！
*B : それはよかったけど、また1年後にも同じように言えるかな。

★se taper も se farcir も「いやなことをしょいこむ」というくだけた表現。

★embouteillage：渋滞。もともとは「bouteille（ビン）に詰めること」という意味。

★Ça me fait pas peur ! は「それは私を怖がらせない」→「どうってことない、難しいことじゃない」という意味で使われる。

199 Il n'y a rien à jeter !
[イル ニア リアンナ ジュテ]
▶ 完璧！

A : Tu as lu son dernier bouquin ?
B : Ah oui ! Excellent ! **Il n'y a rien à jeter !** J'ai lu ça d'une traite !

　A：最新作は読んだ？
＊B：うん！ 素晴らしかった！ 完璧！ 一気に読んだよ。

★Il n'y a rien à jeter. の直訳は「どこをとっても捨てるところがない」。つまり「それほど完璧」というくだけた表現。

★d'une traite：一気に。traite は「途切れのない道のり」のこと。

200 La question ne se pose pas !
[ラ ケスティオン ヌ ス ポズ パ]
▶ 質問するまでもない！

A : Tu crois que dès le premier rendez-vous, je peux l'inviter au restaurant ?
B : **La question ne se pose pas !** C'est le minimum !

　A：最初のデートから食事に誘っていいと思う？
＊B：質問するまでもない！ それは最低限よ！

★rendez-vous：ここでは「デート」だが、「待ち合わせ、アポイント；（病院の）予約」という意味で広く使われる。

★se poser は代名動詞の受け身の用法。ただし単なる受け身ではなく、ここでは「〜べき」のニュアンスが加わる。「質問はされない」ではなく「そんな質問はされるべきではない」→「質問するまでもない」となる。

201 Tu y regarderas à deux fois.
[テュ イ ルガルドゥラ ア ドゥ フォワ]
▶ よく考えたほうがいい。

A : Je n'ai que des ennuis depuis que je roule avec cette voiture.
B : Comme ça, la prochaine fois, **tu y regarderas à deux fois** avant d'acheter une bagnole d'occase.

  *A : この車にしてから、もうトラブルばっかり。
   B : まあ、次回は、中古車買う前によく考えるんだね。

★ennui(s)：(複数形で) 問題、心配事、困ったこと；退屈。現代のフランス語では「憂鬱、倦怠」の意味はなく、その場合は mélancolie を使う。

★deux fois は「2 回」だが、à deux fois で「何度も繰り返して、じっくりと」という意味になる。y regarder à deux fois で「熟考する、よく考える」という熟語表現。

★d'occase は d'occasion の略で、「中古の」の意。

202 T'as intérêt à prendre des gants.
[タ アンテレ ア プランドゥル デ ガン]
▶ 慎重にしたほうがいいよ。

A : Pourquoi Yves me fait la tête ? J'ai dit quelque chose qu'il ne fallait pas ?
B : Tu sais bien qu'il est susceptible, alors quand tu lui fais un reproche, même amical, **t'as** plutôt **intérêt à prendre des gants.**

  *A : なんでイヴは私のこと怒ってるのかな？ 言っちゃいけないことでも言った？
   B : あいつが怒りっぽいって知ってるでしょ。友情ゆえであっても、責めるようなことを言うときは、慎重にしたほうがいいよ。

★susceptible は昔は「感じやすい」という意味だったが、今ではもっぱら「怒りやすい、自尊心が強い」人を指す。

★avoir intérêt à + 不定詞：～したほうがいい。例：Elle a plutôt intérêt à s'excuser d'abord. (まずは彼女のほうから謝ってくるべきだ。)

★prendre des gants (手袋をはめる) は、くだけた表現で「手加減する」。

203 Chacun voit midi à sa porte.
[シャカン ヴォワ ミディ ア サ ポルトゥ]
▶ **見方はそれぞれだね。**

A : Mais enfin, le repos dominical, c'est bien plus qu'un droit acquis. C'est culturel, on ne peut pas remettre ça en question.
B : **Chacun voit midi à sa porte.** Moi, travailler le dimanche, ça ne me pose aucun problème.

> A : とにかく、日曜の休息は、権利として勝ち取った以上のものだよ。文化的なものなんだから、それを見直すなんて考えられない。
> *B : 見方はそれぞれね。私は、日曜に働くのに何の抵抗もないな。

★remettre ... en question：〜を問題視する。
★Chacun voit midi à sa porte. の直訳は「それぞれが自分のドアのところで南を見る」。つまり「それぞれが自分の見方を持っている」という熟語表現。

204 C'est le jour et la nuit.
[セ ル ジュール エ ラ ニュイ]
▶ **全然違う。**

A : Une 4K ? Ça fait quand même beaucoup plus cher !
B : Vous avez tout à fait raison mais, croyez-moi, vous ne le regretterez pas. Il n'y a pas photo entre une full HD et une 4K. **C'est le jour et la nuit !**

> *A : 4Kテレビ？ でも、そうなるとかなり高くなりますよね！
> B : そうですね、それは確かに。でもあとで後悔するってことはありませんよ。フルHDと4Kテレビじゃ、差は明らかです。全く違いますよ。

★plus cher は比較で「ほかのものより高く」。beaucoup は比較を強める。Ça coûte cher. は単に「値段が高い」だが、Ça fait cher. になると「結果として高くつく」という意味になる。
★Il n'y a pas photo. は「はっきりしている、(比べるまでもなく) 明らかだ」という意味 (⇒ 168)。
★C'est le jour et la nuit. は「昼と夜ほど違いがある」という表現。

205 Ça ne tient qu'à toi de changer.
[サ ヌ ティアン キャ トワ ドゥ シャンジェ]
▶ 変えられるかどうかは自分次第。

A : J'en ai assez de mener une vie de dingue. Je n'ai jamais un moment à moi.
B : **Ça ne tient qu'à toi de changer.** Regarde-moi, je mène une vie royale. Je suis toujours en vacances !

*A : こんな生活、もう送ってられない。全く自分の時間がないなんて。
 B : それを変えるかどうかは自分次第でしょ。僕なんか、王様のような暮らしだよ。1年中バカンスさ！

★(en) avoir assez de ...: 〜はもうたくさんだ、うんざりだ (⇒ 102)。

★mener une vie: 人生を送る。この表現に〈de + 名詞〉や形容詞を付けて、どんな人生かを説明する。dingue は「おかしい、変な」という意味のくだけた表現。「幸せな人生を送る」なら、mener une vie heureuse.

★tenir à ...: 〜にかかっている。Ça ne tient qu'à toi de changer. は「変えられることは、あなたにかかっている」。ça は仮の主語で、本当の主語は de changer (変えられること)。

206 Je ne sais pas à quoi m'en tenir.
[ジュ ヌ セ パ ア クワ マン トゥニール]
▶ どうなるかわからない。

A : Ça y est, c'est décidé ? Tu pars t'installer au Japon ?
B : Non, **je ne sais** toujours **pas à quoi m'en tenir.** Mon boss y est plus que favorable, mais c'est au niveau de la direction financière que ça bloque.

*A : さあ、もう決まった？ 日本に住むんでしょ？
 B : いや、どうなるか、依然としてわからないんだ。上司ははっきり賛成してくれているんだけど、経理課のレベルでストップしちゃってるんだ。

★Ça y est.: やった、これでよし。何かしていたことが終わった状況で使う (⇒ 48)。

★savoir à quoi s'en tenir: どう対応すればよいかわかっている。

★plus que + 形容詞: 極めて〜だ (⇒ 361)。

Chapitre 4

日常生活 フレーズ

体調、家庭生活、習慣など、
日々の暮らしや身の回りのことに関する
様々なフレーズを収録しました。

207 J'étais ailleurs.
[ジェテ アイユール]

▶ ぼーっとしてた。

A : Pardon, Monsieur, vous pourriez répéter la question ? J'avoue que **j'étais** un peu **ailleurs**. Enfin, j'étais distraite, quoi.

B : Ecoutez, c'est pas le moment d'être dans les nuages. Le bac, c'est dans cinq semaines !

*A : すみません、先生、質問を繰り返していただけますか？ ちょっとぼーっとしていました。あの、うわの空でした。

B : いいですか、ぼんやりしている場合じゃありませんよ。バカロレアの試験は5週間後です！

★être ailleurs は「ほかの場所にいる」→「ぼんやりしている」。être distrait(e) (ぼんやりしている) や être dans les nuages (雲の中にいる) も同じ意味。

★bac は baccalauréat (バカロレア) の略 (⇒ 189)。

208 On poireaute.
[オン ポワロットゥ]

▶ 長いこと待たされる。

A : Depuis qu'ils ont installé ces distributeurs de timbres, faut reconnaître qu'**on poireaute** beaucoup moins à la poste.

B : Le problème, c'est qu'ils sont souvent en panne.

*A : 切手の自動販売機を設置してから、郵便局で長時間待たされることが少なくなったね。

B : ただ問題は、その機械、よく故障するってことかな。

★poireauter は poireau (ネギ) から派生した動詞。くだけた表現で、「長いこと待つ」の意。

★beaucoup moins：かなり少なく。

209 Je suis lessivé.
[ジュ スュイ レスィヴェ]
CHECK✓
▶ **本当に疲れた。**

A : J'en ai marre ! Je fais tout ici ! Ménage, vaisselle, lessive… **Je suis lessivée**, moi !
B : C'est le cas de le dire.

　*A : もうやだ！ 何でも私がやってるじゃない！ 掃除、皿洗い、洗濯…。もう疲れた！
　　B : そのとおりだね。

★lessiver（洗剤で洗う）には、くだけた表現で「へとへとにする」という意味がある。lessivé(e) はそこから派生した形容詞。fatigué(e)（疲れた）よりも強調したいときに使う。さらに強調した表現に、rincer（すすぐ）の過去分詞 rincé(e) がある。

★C'est le cas de le dire. の直訳は「まさにそれを言うのに適切なケースだ」。相手の言い分に完全に同意するときに使う。ここでは相手が lessive の後に lessivé(e) と言っていることに対し、「まさにその言葉だ、うまい！」と言っている。

210 Je suis crevé.
[ジュ スュイ クルヴェ]
CHECK✓
▶ **くたくただ。**

A : **Je suis crevée.** Ça m'épuise, ces soirées !
B : T'as qu'à t'en prendre qu'à toi-même. Tu te sens toujours obligée de t'occuper de tout. Résultat, tu profites de rien et après, tu te plains !

　*A : もうくたくた。パーティって、本当に疲れる！
　　B : 自分が悪いんだよ。何でも自分がしなきゃいけないと思うからだよ。だから全然楽しめないし、後で文句を言うだけになるんだ！

★crevé(e) は「パンクした；くたばった」だが、「疲れた」の意味で会話でよく使われる。

★épuiser：疲れさせる、疲労困憊させる。形容詞形は épuisé(e). 例：Je suis épuisé(e).（へとへとに疲れた。）

★s'en prendre à + 人：〜を責める。〈n'avoir qu'à + 不定詞〉で「〜しさえすればよい」。T'as qu'à … は、Tu n'as qu'à … の ne が省略され、さらに tu の「ユ」の音も省略されたくだけた言い方。T'as qu'à t'en prendre qu'à toi-même. は「自分を責めさえすればよい」→「自業自得だ」。

★profiter de …：（自分のために）〜を利用する、活用する。そこから「〜を楽しむ」という意味になる。ここでは rien なので「何にも楽しめない」。

CHAPITRE 4

211 Ça sonne occupé.
[サ ソンヌ オキュペ]

▶ 話し中だ。

A : Alors, ça répond ?
B : Non, ça fait la troisième fois que j'appelle mais **ça sonne** toujours **occupé**.

　A：どう、出た？
＊B：いや、もう3回かけてるけど、ずっと話し中。

★Ça fait la + 序列数形容詞（〜番目の）+ fois que ... : 〜回…している。

★Ça sonne occupé. の直訳は「（電話が）話し中の状態で鳴っている」。occupé（ふさがれた）は、電話の場合には「話し中」の意味になる。

212 Ça va couper.
[サ ヴァ クペ]

▶ 電話が切れるよ。

A : Tu penses rentrer vers quelle heure ?
B : Aucune idée, ça dépend de... Attention, **ça va couper,** je passe dans un tunnel.

　A：何時頃帰ってくるの？
＊B：わかんない。それはまあ、ちょっと、電話が切れるよ。トンネルに入るから。

★Aucune idée.: 全くわからない。見当もつかないときによく使う（⇒ 30 ）。

★Ça va couper. は couper の近接未来形を使っているので、「今から電話が切れる」というニュアンス。

213 T'as du réseau ?
[タ デュ レゾ]

▶ 電波ある？

A : **T'as du réseau**, toi ?
B : Non, je suis comme toi. Je capte rien. Enfin, vu l'endroit paumé où on se trouve, ça serait étonnant qu'il y ait du réseau.

　A：そっちは、電波ある？
＊B：ううん、私もだめ。全然つながらない。こんな人里離れたところで、つながるほうが驚きだわ。

★réseau：網；ネットワーク。

★paumé(e) は、くだけた表現で「どこにいるかわからなくなるほど遠く離れた」という意味の形容詞。

214 T'es sur Facebook ?

[テ スュル フェイスブック]

CHECK✓

▶ **フェイスブックやってる？**

A : **T'es sur Facebook ?**
B : Surtout pas, je suis pas exhibitionniste ! Je préfère qu'on échange nos adresses e-mails.

　A：フェイスブックやってる？
*B：全然。見せびらかす趣味はないし。メールアドレス交換するほうが好き。

★être sur Facebook は「フェイスブック上にいる」→「フェイスブックをやっている」。「インターネットで」も同じく sur を用いて sur Internet と言う。

★「メールアドレス」は adresse e-mail が標準的な言い方。「メール」はほかに mail, courriel などとも言う。

215 Je vous ressers ?

[ジェ ヴ ルセール]

CHECK✓

▶ **お代わりはいかがですか？**

A : **Je vous ressers ?**
B : Non merci. Non pas que ce soit mauvais mais j'ai vraiment pas l'habitude de manger autant le soir.

*A：もう少しよそいましょうか？
　B：いえ、もう結構です。もちろんおいしくないわけではなくて、夜は普段、本当にこんなに食べないのです。

★resservir：（再び）料理を出す。
★Non pas que ...：〜が理由だからではなく。Ce n'est pas que ... とも言える。
★avoir l'habitude de ...：〜を習慣とする。

216 Ça tape sacrément !

[サ タップ サクレマン]

CHECK✓

▶ **むちゃくちゃ暑い！**

A : Dis-donc, **ça tape sacrément !** J'aimerais pas être au volant en ce moment !
B : Ouais, avec cette chaleur de plomb, je plains vraiment les vacanciers qui prennent la route aujourd'hui !

*A：ねえ、むちゃくちゃ暑いよね！　こんなときは運転したくないな！
　B：ああ、この激しい暑さだと、今日車で休暇に出かける人はつらいだろうね。

★taper は「叩く」だが、くだけた表現で「(日が) 強く照りつける」という意味もある。
★chaleur de plomb：灼熱の暑さ。plomb は「鉛」のこと。

CHAPITRE 4　97

217 Ça vous embête ?
[サ ヴザンベットゥ]
▶ ご迷惑ですか？

A : **Ça vous embête** si je fume à l'intérieur ?
B : Oui, un peu quand même. Si ça ne vous embête pas, je préfère que vous alliez sur le balcon.

  *A : 中でタバコを吸ったら、ご迷惑ですか？
   B : はい、やはりちょっと。もしご面倒でなければ、バルコニーでお願いできれば嬉しいのですが。

★Ça vous embête si ... ?：もし〜したら迷惑がかかりますか？ ça は si 以下の内容を指している。déranger も同じように使うが、embêter のほうがくだけている。例：Ça vous dérange pas si je fume ?（タバコを吸ったらご迷惑でしょうか？）

★quand même は「それでも、やはり」。un peu（ちょっと）を足して、「やっぱりちょっと…」と断りの気持ちをそれとなく伝えている。

218 C'est un vrai frigo !
[セタン ヴレ フリゴ]
▶ 本当に寒い！

A : Eh bien ! Il fait plutôt frisquet chez toi !
B : M'en parle pas ! Depuis que la chaudière est en panne, mon appartement, **c'est un vrai frigo !**

  *A : うわあ！ この家ちょっと寒いね！
   B : 言わないでよ。ボイラーが故障しててね、アパルトマン全体がほんとに冷蔵庫状態なんだ。

★frisquet：肌寒い。froid（寒い）とまでは言えず、frais（涼しい）とも言えない、ちょうど中間地点の感覚を表すくだけた表現。

★C'est un vrai frigo !（それは本当の冷蔵庫だ！）は、「冷蔵庫の中にいるほど寒い」ということを表す。ほかにも frigorifique（冷蔵する；（冷蔵するほど）寒い）という形容詞もある。なおフランスでは、建物全体に管を通して暖めるセントラル・ヒーティングの方式が一般的。

219 Ça me dérange pas.
[サ ム デランジュ パ]
▶ **かまいません／どうぞ。**

A : Ça t'embête pas de m'accompagner jusqu'à l'entrée du métro ?
B : Non, **ça me dérange pas** du tout mais c'est très simple. Aucun risque de te perdre en chemin.

　A：地下鉄の入り口まで一緒に来てほしいって言ったら、だめかな？
＊B：ううん、全然そんなことないよ。でも道は簡単だから、迷うことはないよ。

★物事 + embêter + 人：物事が人に迷惑をかける（⇒ 217）。ça（それ）は de 以下の内容を指している。
★déranger：（人に）迷惑をかける、じゃまをする。Ça (ne) me dérange pas. で「かまいませんよ」と許可を与える言い方。
★se perdre は「自分を失う」→「迷子になる」。

220 J'y vois pas d'inconvénient.
[ジ ヴォワ パ ダンコンヴェニアン]
▶ **かまいません／問題ありません。**

A : Ça vous gêne si je me mets ici pour lire ?
B : Non, non, **j'y vois pas d'inconvénient** mais faites attention, cette chaise n'est pas très stable.

＊A：本を読みたいのですが、ここに座ったらおじゃまでしょうか？
　B：いえ、全く問題ないです。ただ気をつけないと、この椅子、がたがたしているので。

★Ça vous gêne si ... ? の直訳は「もし〜したら、あなたに迷惑をかけますか？」。
★J'y vois pas d'inconvénient. の直訳は「私はそこに不都合を全く認めない」。「そうすることに何の差し支えもない」と相手に許可を与えるときに使われる。

221 Faut que je file.
[フォ ク ジュ フィル]
▶ 行かなきゃ。

A : Oh là là, **faut que je file,** je suis déjà en retard.
B : Rejoins-nous après, si tu veux. On sera chez Bébert.

　A：おっと、行かなきゃ。もうすでに遅刻だ。
　*B：よければ、後で合流してよ。ベベールにいるから。

★Il faut que ...：〜しなくてはならない。会話では il の音が省略されることがある。
★「立ち去る」は s'en aller が一般的だが、くだけた表現では filer が使われ、加えて「急いでいる」というニュアンスがより強調される。
★Bébert は、クスクス料理で有名なフランスのチェーン・レストラン。

222 Je manque de sommeil.
[ジュ マンク ドゥ ソメイユ]
▶ 睡眠不足だ。

A : Tu as vu la tête que tu as ? T'as l'air épuisé ?
B : **Je manque de sommeil !** J'ai pris la mauvaise habitude de rester très tard au bureau !

　*A：自分の顔、見てみた？ すごく疲れてるみたいだけど？
　B：睡眠不足！ 会社に遅くまで残る悪い習慣がついちゃったみたいだ。

★avoir l'air + 形容詞：〜な様子だ。
★épuisé(e)：へとへとに疲れた。
★manquer de ...：〜が足りない。manquer にはほかにも「〜がいなくて寂しい」など様々な意味がある（⇒ 231）。

223 Tu t'es fait mal ?
[テュ テ フェ マル]
▶ けがした？

A : **Tu t'es fait mal ?**
B : Mais non, c'est juste une petite égratignure de rien du tout !

　*A：けがしたの？
　B：ううん、何てことない、ちょっとしたかすり傷だけだよ。

★se faire mal は「自分に痛みを作る、自分の体を痛くする」→「けがをする」という意味。例えばバスなどで人の足を踏んでしまったときは、Je vous ai fait mal ?（私はあなたに痛みを作りましたか？ → おけがはないですか？）と尋ねる。
★de rien du tout：取るに足りない。

224 Je suis à découvert.
[ジュ スュイ ア デクヴェール]

CHECK✓

▶ **赤字だ。**

A : J'ai beau faire des économies et me priver de sorties, **je suis** toujours **à découvert** en fin de mois.

B : Oui, moi aussi, je m'en sors pas. Tout est hors de prix !

　A : 節約してるし、外出もしないようにしてるのに、月末はいつも赤字だよ。
　*B : 私も。やりくりが厳しい。何でも高すぎるんだもん。

★avoir beau + 不定詞：〜するにもかかわらず、〜しても無駄である。

★à découvert は、口座の残高がマイナスになっている状態を指す。

★s'en sortir：(難しいことに) 何とか対処する、苦況を抜け出す。例：Je me demande comment on peut s'en sortir.（どうやって苦しい状態を抜け出せるのか疑問だ。）

225 J'ai pas les moyens.
[ジェ パ レ モワイヤン]

CHECK✓

▶ **お金に余裕がない。**

A : Quand est-ce que tu pourras m'acheter un nouvel ordinateur ?

B : J'en sais rien ! Tout ce que je sais, c'est que **j'ai** vraiment **pas les moyens** de te payer ça en ce moment.

　*A : いつ新しいコンピュータを買ってくれるの？
　B : わからない！ わかってるのは、今はそんなお金が全くないってことだ。

★moyen は「方法」だが、複数形で「財力、お金の余裕」の意味になる。

★en ce moment：今のところは。「未来はわからないけど」というニュアンスを含む。逆に maintenant は「過去とは違って、今からは」のニュアンス。

226 Je suis à sec.
[ジュ スュイ ア セック]

CHECK✓

▶ **一文無しだ。**

A : Il te reste encore un peu de liquide ?

B : Non, **je suis à sec.** Faudrait que je passe au distributeur mais j'ai jamais le temps.

　*A : まだ少し現金残ってる？
　B : 一銭もない。お金を下ろしに行きたいけど、時間がどうしてもないんだ。

★(argent) liquide で「現金」を指す。liquide の元の意味は「液体 (の)」。

★à sec は干上がった状態を指すが、くだけた表現で「お金が一銭もない」の意。

★distributeur：キャッシュディスペンサー。正確には distributeur automatique de billet. それぞれの語の頭文字をとって DAB とも言う。

CHAPITRE 4

227 Je connais les bases.
[ジュ コネ レ バーズ]
▶ 基礎はあります。

A : Tu parles bien japonais ?
B : Disons que **je connais les bases** mais pas plus.

  *A：日本語は上手に話せる？
  B：えっと、基礎はあるけど、それ以上はちょっと。

★外国語の能力について述べる際、フランスでは「あまり話せない」という言い方より、connaître les bases（基礎はある）など、ポジティブな言い方が好まれる。履歴書には、「話したり書いたりできなくても、その言語がどんなものかは知っている」という意味で、notion（概念）と書き込まれることもある。

★pas plus：それ以上ではない。

228 Je me sens lourd.
[ジュ ム サン ルール]
▶ 胃が重い感じがする／だるい。

A : Je ne sais pas ce que j'ai mais **je me sens lourd.** Je suis ballonné.
B : Tu te rends compte de tout ce que tu as mangé à midi ?

  A：どうしちゃったんだろう、何だか胃が重い感じ。お腹が張ってるみたいだ。
  *B：自分がお昼にどれだけ食べたと思ってるの？

★ce que j'ai は間接疑問文として je ne sais pas に接続されており、文全体で「自分に何が起きたのかわからない」の意味。なお、相手の様子がおかしいときは Qu'est-ce que tu as ?（どうしたの？）と訊く。

★lourd(e)：重い。ここでは「胃が重い」だが、体が重いときなどにも使える。

★ballonné(e)：お腹が張っている。ballon（大きめのボール、風船）の派生語。

229 J'ai le cou bloqué.
[ジェ ル ク ブロケ]
▶ 首が動かない。

A : A cause du ventilo, **j'ai le cou bloqué.**
B : Mais quelle idée aussi de dormir juste à côté du ventilateur !

  A：扇風機の風に当たりすぎて、首が動かなくなっちゃった。
  *B：扇風機のすぐ横で寝るなんて、いったい何考えてんの！

★à cause de ...：〜のせいで。原因がネガティブなときに使う。

★〈avoir + 定冠詞 + 体の部位 + 形容詞〉で体の様子を表現できる。例：Tu as les yeux rouges.（目が赤いよ。）／ Elle a les cheveux blonds.（彼女の髪の毛はブロンドだ。）

230 J'y tiens pas trop.
[ジ ティアン パ トゥロ]
▶ それほどほしくない。

A : Encore un petit verre ?
B : Euh non, **j'y tiens pas trop.** Je ne tiens pas bien l'alcool et en plus je suis sous antibiotiques.

  A : もう一杯どう？
  *B : やめておく。そんなに、いいよ。あんまりお酒に強くないし、それに今、抗生物質を飲んでるから。

★tenir à ...：〜に執着する。J'y tiens pas trop. は「私はそれにあまり執着しない」→「それほどほしくない」。

★tenir l'alcool：お酒に強い。動詞は supporter（耐える）も使われる（⇒ 246 ）。

231 Le Japon te manque ?
[ル ジャポン トゥ マンク]
▶ 日本が恋しくない？

A : Depuis que t'es revenu vivre en France, **le Japon te manque ?**
B : Non, c'est pas vraiment le Japon en lui-même qui me manque. C'est plutôt mes amis, la nourriture. Tu vois, quoi.

  *A : フランスに戻ってきてから、日本が恋しくない？
   B : ううん、日本が恋しいっていうより、友だちや食べ物のほうかな、わかるでしょ。

★manquer：〜が欠けている；〜がいなくて寂しく思う。Le Japon te manque ? の直訳は「日本があなたに欠けて寂しく感じる？」。欠けている人・ものが主語、それによって寂しく感じる人が目的語となる。例：Tu me manques. — Toi aussi.（あなたがいなくて寂しい。— 僕も寂しいよ。）

★en lui-même：それ自体で（は）。ここでは le Japon が男性名詞・単数なので lui を使う。

CHAPITRE 4

232 Tu n'as pas l'air bien.
[テュ ナ パ レール ビアン]

▶ 顔色がよくないみたいだね。

A : **Tu n'as pas l'air bien.** Qu'est-ce qui se passe ?
B : On étouffe ici. Je crois que j'ai besoin de prendre l'air.

　A：顔色がよくないみたいだけど。どうしたの？
＊B：ここは空気が悪いね。ちょっと外の空気を吸ったほうがいいみたい。

★avoir l'air + 形容詞：〜のように見える。この表現の air は「様子」。bien は副詞のほか形容詞としても使われ「元気な、気分がよい」という意味を持つ。

★étouffer：息が詰まる、息苦しい。

★prendre l'air：外の空気を吸う、気分転換をする。

233 J'ai le dos en compote.
[ジェ ル ド アン コンポットゥ]

▶ 背中がすごく痛い。

A : **J'ai le dos en compote.** J'aurais besoin d'un bon massage.
B : Pas de problème, je viens de finir une formation en massages de relaxation.

　A：背中がすごく痛いんだ。ちゃんとしたマッサージを受けたいなあ。
＊B：任せて。リラックス・マッサージの研修をつい最近受けたばかりなの。

★compote は「コンポート（＝ピューレに近い、果物のシロップ煮）」だが、煮てぐちゃぐちゃになるところから、en compote（痛めつけられた）という表現ができた。かなりの痛みのときに使う。

★avoir besoin de ...：〜が必要である。ここでは条件法で、「おそらく」のニュアンス。

234 On s'est perdus de vue.
[オン セ ペルデュ ドゥ ヴュ]

▶ 連絡がなくなった。

A : Et depuis son départ pour le Japon, tu es resté en contact avec lui ?
B : Ouais, un peu au début. Et puis après, **on s'est perdus de vue.**

＊A：彼が日本に行ってからも、連絡は取ってる？
　B：うーん、最初はまあまあね。でもその後は、連絡はなくなっちゃったよ。

★rester en contact：連絡を保つ。rester は「ずっとその状態でいる」の意。

★On s'est perdus de vue. は「（お互いに）視界から消えてしまった」→「お互いに会わなくなる、連絡が途絶える」。この on は「私たち」なので、過去分詞に -s を付ける。

235 J'en ai pas pour longtemps.
[ジャンネ パ プル ロンタン]
▶ 長くはかからないよ。

A : Tu comptes rentrer vers quelle heure ?
B : Tu sais, **j'en ai** vraiment **pas pour longtemps.** Disons, d'ici un petit quart d'heure maximum.

　A : 何時ごろ帰ってくる？
*B : そんなにかからないよ。そうね、今から15分もすれば戻れるよ。

★compter + 不定詞：〜するつもりである。

★n'en avoir pas pour longtemps で「そんなに長くはかからない」という決まり文句。

★disons：そうだな、えっと：例えば。文頭や文中で用いて、言葉を探したり、例示したりするときに使われる。

★日常会話では、「15分」と言うのに、quinze minutes の代わりに un quart d'heure（4分の1時間）がよく使われる。また、「短いけれどもつらい時間」を指す表現に、un mauvais [sale] quart d'heure（悪い15分）がある。例：Il a dû passer un mauvais quart d'heure.（彼はキツい時間を過ごしたはずだ。）

236 Ne m'attendez pas pour dîner.
[ヌ マタンデ パ プル ディネ]
▶ 夕食は待ってくれなくていいよ。

A : Au fait, **ne m'attendez pas pour dîner,** je sors avec des copains.
B : Tu pourrais prévenir un peu plus tôt, non ? C'est toujours au dernier moment.

　A : えっと、夕食は待ってくれなくていいよ。友だちと出かけるから。
*B : もうちょっと早く言ってくれない？ いつもぎりぎりになってからなんだから。

★Ne m'attendez pas pour dîner. は「先に始めてほしい」ときにも、「夕食はいらない」というときにも使える。attendez と vous に対する命令形が使われているのは、家族全員（＝複数）を対象としているため。なおフランスでは、夕食は家族そろってが原則。ホームステイ先にも、夕食が不要なら事前にきちんと伝える必要がある。Ne m'attendez [m'attends] pas. 単独でも、「先に行ってて」というときなどに使える。

★au dernier moment：最後の瞬間に。

237 C'était la moindre des choses.

[セ テ ラ モワンドゥル デ ショーズ]

▶ そのくらいはしないといけなかったから。

A : Pourquoi tu rentres si tard ?
B : Il y avait un pot d'adieu pour le directeur commercial. C'est pas que je l'apprécie mais bon, je suis restée par politesse. **C'était la moindre des choses,** non ?

- A : なんでこんなに帰りが遅いの？
- *B : 営業部長の送別会があったの。そんなに好きじゃないけど、まあ、社交上残ったわけ。そのくらいはしないとね、そうでしょ？

★C'est pas que ... : ～が理由ではない。

★par politesse: 礼儀上。

★la moindre des choses は「物事の中で一番小さいこと」。C'était la moindre des choses. で「最低限そのくらいのことをしないとね」というニュアンス。相手に感謝されたときの返事として、「そんなことは何でもありません」→「お礼を言っていただくほどのことではありません」と謙遜の表現としても使われる。

238 Je suis nul en cuisine.

[ジュ スュイ ニュラン キュイズィヌ]

▶ 料理はからっきしだめだ。

A : **Je suis** vraiment **nul en cuisine.**
B : Mais non, t'es pas si nul que ça ! Par exemple, il n'y a rien à redire à tes surgelés !

- A : 料理は本当に、からっきしだめだ。
- *B : いや、それほどだめってことないよ。だってあの冷凍食品とか、文句のつけようがないしね！

★être nul(le) en ... : ～が全くだめだ。nul はフランス人が非常によく使う語。

★Il n'y a rien à redire à ... は「～については繰り返す必要がない」→「～には文句のつけようがない」。この会話では皮肉で使われている。なお redire の後は、本来は à が正しいが、誤って sur を使うことがある。

239 Tu fais pas un régime ?

[テュ フェ パ アン レジム]

▶ ダイエットしないの？

A : J'en ai marre, j'ai encore pris deux kilos. A ce régime, je suis bon pour changer toute ma garde-robe avant la fin de l'année.

B : Ben, pourquoi **tu fais pas un régime ?** Ou mieux, fais un peu de sport.

*A：いやになる、また2キロも太っちゃった。このペースだと、年末までに持ってる服を全部変えないとだめ。
　B：なんでダイエットしないの？　それか、もっといいのはスポーツだよ。

★régime には「エンジンの回転数」という意味があり、そこから、à ce régime で「このペースだと」という意味になる。

★être bon pour ... は「〜することは避けられない」とネガティブな意味になるので注意。逆に、être bon en ... は「〜が得意だ」というポジティブな表現。例: Je suis bon en maths.（僕は数学が得意だ。）

★faire un régime: ダイエットする、食事制限をする。動詞には suivre も使える。

240 C'est plutôt prévenir que guérir !

[セ プリュト プレヴニール ク ゲリール]

▶ 治すより予防しよう！

A : Pourquoi tu prends ces trucs homéopathiques contre le rhume ? T'es pas enrhumée, à ce que je sache.

B : Moi, ma devise **c'est plutôt prévenir que guérir !** Alors, avant chaque hiver, je prends mes précautions en renforçant mes défenses immunitaires.

　A：どうして風邪用の薬飲んでるの？　風邪なんてひいてないでしょ？
*B：私のルールはね、治すより予防しよう、なの！　だから毎年、冬になる前に、免疫力を高めて予防しているのよ。

★homéopathique: ホメオパシーの。homéopathie（ホメオパシー、同毒療法）は、病気と同じ反応を引き起こす薬物を投与する治療法で、フランスでは一般的。

★à ce que je sache: 私の知る限りでは (⇒ 346)。

★C'est plutôt prévenir que guérir. は「病気になって治療するより、病気にならないよう予防したほうがよい」ということ。「転ばぬ先の杖」に相当する格言 Mieux vaut prévenir que guérir. をくだけた言い方にしたもの。

CHAPITRE 4

241 Comme ça on est quittes.
[コム サ オネ キットゥ]

▶ これで貸し借りなしだ。

A : Voilà, je te rends tout, **comme ça on est quittes**. Et tu peux vérifier, c'est au centime près.

B : Tu sais, je ne suis vraiment pas à un euro près et surtout c'était pas à un jour près. Si tu as encore besoin de cet argent, garde-le encore un peu.

*A : はい、全額返すよ。これで借金はないね。サンチーム単位まで確認してみて。
 B : ねえ、1 ユーロやそこらなんて本当にどうだっていいよ。それに期日だって気にしてなかったのに。もしまだ必要なら、もう少し持っていていいよ。

★quitte は借金や社会的・精神的義務から解放されている状態を指す。

★au centime près：サンチーム単位で。à ... près には「〜を除いて」という意味と「〜単位で」という意味がある。

★ne pas être à ... près：〜なんて気にしない。C'était pas à un jour près. は「(期限が) 1 日延びたところで気にしない」。

★Si tu as encore besoin ... の encore の意味は「まだ」。encore un peu の encore は「さらに」。

242 On dirait qu'il va pleuvoir !
[オン ディレ キル ヴァ プルヴォワール]

▶ 雨が降りそう！

A : **On dirait qu'il va pleuvoir !**

B : Ça, ça m'étonnerait. Il n'y a pas un nuage à l'horizon. Comment tu peux dire ça ?

 A : 雨が降りそうだよ！
*B : まさか。見渡したって雲一つないじゃない。なんでそんなこと言うの？

★On dirait que ... : まるで〜のようだ。dirait は dire の条件法現在。

★Il va pleuvoir. は pleuvoir (雨が降る) の近接未来形で「今にも雨が降りそうだ」。

★Ça m'étonnerait. は étonner (驚かす) の条件法現在を使った表現で、「もしそれが本当だったら私を驚かすだろうに → でも本当ではない → まさか」と、相手の言うことを否定する表現 (⇒ 29)。

★pas un nuage は「雲一つさえない」と否定の強調。単に「雲がない」なら pas de nuage になる。

243 Vous êtes bien installés maintenant ?

[ヴゼットゥ ビアン アンスタレ マントゥナン]

▶ もうすっかり落ち着いた？

A : Ça y est ? **Vous êtes bien installés maintenant ?**
B : Oh non, pas très bien ! On est encore en plein dans les cartons !

*A：どう？ もうすっかり落ち着いた？
B：ううん、結構大変。まだまだ段ボールだらけだよ。

★Ça y est ?：もうできた？ もう済んだ？ ある行為が実現したときに使う（⇒ 48 ）。

★installé は installer（(人をある場所に) 落ち着かせる）の過去分詞。Vous êtes bien installé(s) ? で、引っ越しをした相手に「住まいは落ち着いた？」と尋ねている。また、お客を家に招いた場合には、Installez-vous.（どうぞおかけください）と代名動詞 s'installer の命令形を使う。

★en plein dans ...：〜の真ん中に。

244 J'avais l'intention de le faire.

[ジャヴェ ランタンスィオン ドゥ ル フェール]

▶ やろうと思ってたのに。

A : Tu comptes regarder la télé toute la journée ? Le ménage ne va pas se faire tout seul !
B : Non mais **j'avais l'intention de le faire** juste après cette émission.

*A：一日中テレビ見てるつもり？ こんなんじゃ家事が片付かない！
B：そんな、この番組が終わったら、すぐやるつもりだったんだけど。

★Le ménage ne va pas se faire tout seul. は直訳すると「家事はひとりでにはなされない」。つまり「誰かがやらないといけない」という気持ちを込めている。

★avoir l'intention de + 不定詞：〜するつもりである。J'avais l'intention de le faire.（それをする意図があったのに）は、半過去形を使い「〜だったのに」というニュアンスの言い訳の表現。intention(s) は「意図、（〜の）つもり」という意味。例：Ce n'était pas dans mes intentions !（全然そんなつもりはなかった！）

245 Je voudrais recharger mon portable.

[ジュ ヴドゥレ ルシャルジェ モン ポルタブル]

▶ 携帯を充電したいんだけど。

A : Tu cherches quelque chose ?
B : Oui, **je voudrais recharger mon portable.** Où est-ce que je peux le brancher ?

　A : 何か探してる？
＊B : うん、携帯をチャージしたいんだけど、コンセントはどこかな？

★Je voudrais ...（～したい）は、相手に丁寧に希望を伝えるときの一般的な表現。

★recharger: 充電する、チャージする。「充電されている元の状態に戻す」と考えて、re- が付いた recharger を使う。

★brancher: 接続する、電源につなぐ。

246 Ça serait avec plaisir mais...

[サ スレ アヴェック プレズィール メ]

▶ ありがたいのですが…

A : Une petite coupe de champagne ?
B : **Ça serait avec plaisir mais** je supporte pas bien l'alcool.

　＊A : グラスのシャンパンはどう？
　B : それはありがたいのですが、お酒はあまり飲めないんです。

★Ça serait avec plaisir. の serait は être の条件法。「申し出は嬉しいけれど…」とやんわり断る表現。受け入れる場合は、(C'est) avec plaisir.（喜んで）と答える。

★supporter: 耐える。Je (ne) supporte pas l'alcool. は「お酒に耐えられない」→「お酒を受けつけない」という意味。ただし、「耐えられない」→「大嫌いだ」の意味で使われることもある。

247 J'ai pas une minute à moi.

[ジェ パ ユヌ ミニュトゥ ア モワ]

▶ 全く時間がない。

A : Tu t'en sors avec tes jumeaux ?
B : Pas vraiment. **J'ai pas une minute à moi.** Je suis débordée.

　A : 双子のお子さんの世話、大丈夫？
＊B : あんまり大丈夫じゃないの。全く時間がなくて。もう手一杯。

★s'en sortir は「（大変な状況から）抜け出す」という意味だが（⇒ 224）、Tu t'en sors avec ... ? と続けると、「avec 以下のことがあるけれど、大丈夫？」というニュアンスになる。

★「全く時間がない」は、J'ai pas une minute à moi.（私には一分たりとも自分の時間がない）と表現する。une minute の代わりに un moment も使われる。

110　CHAPITRE 4

248 Il est près de ses sous.
[イレ プレ ドゥ セ ス]
▶ 彼はケチだ。

A : Pourquoi tu ne demandes pas à ton frère de t'avancer un peu d'argent si t'es un peu juste en ce moment ?
B : Tu plaisantes ! Jamais il ne m'en prêtera, **il est** trop **près de ses sous** !

 A : 少しお金に困ってるんだったら、どうしてお兄さんに少し貸してもらわないの？
*B : 冗談！ 彼がお金貸してくれるなんてありえない、すごくケチなんだもん！

★avancer はくだけた表現で「お金を貸す」という意味。

★juste：(分量が) ぎりぎりの。この意味のときはよく un peu を付ける。ここではお金に困っていることを指す。

★être près de ses sous は「お金のすぐ近くにいる」→「お金に細かい、ケチだ」。sou は昔の貨幣単位。sou の代わりに同じ「お金」の意味で fric も使われるが、こちらはかなりくだけた言い方になる。

249 C'est pas la porte à côté.
[セ パ ラ ポルタ コテ]
▶ かなり遠い。

A : Tu peux me reconduire chez moi ? C'est dans le Val d'Oise, à Fosses.
B : Fosses, dans le Val d'Oise ? Mais **c'est pas la porte à côté**, ça ! Je vais mettre au moins deux heures aller-retour et encore si ça roule bien !

*A : 私の家まで送ってくれる？ ヴァル・ドワーズのフォスだけど。
 B : ヴァル・ドワーズのフォス？ それは結構あるね！ 少なくとも往復 2 時間はかかるよ、それも順調に走ったとしてだよ。

★reconduire：(家まで) 送っていく、(客を) 見送る。

★la porte à côté は「すぐ横のドア」→「すぐ近く」という意味。

★mettre + 時間：〜の時間をかける。

250 Je prendrais bien un petit quelque chose.

[ジュ プランドゥレ ビアン アン プティ ケルク ショーズ]

▶ ちょっとだけ何かもらおうかな。

A : Tu restes avec nous pour manger ce soir ?
B : Non, non ! Faut absolument que j'y aille mais comme j'ai peur d'avoir faim en route **je prendrais bien un petit quelque chose** quand même avant de partir. Si ça t'embête pas.

*A : 今夜一緒にご飯食べていく？
  B : 無理、無理！ 本当に行かないと。でも途中でお腹がすくかもしれないから、もし迷惑でなければ、出る前にやっぱりちょっとだけ何かもらおうかな。

★quelque chose に un petit が付くと「何かちょっとしたもの」という意味で、食べ物や飲み物などを指す。

251 Il faut s'habiller comment pour y aller ?

[イル フォ サビエ コマン プーリ アレ]

▶ どんな格好で行けばいいの？

A : **Il faut s'habiller comment pour y aller ?**
B : Je sais pas. Sur le carton d'invitation, c'était pas précisé.

  A : どんな格好で行けばいいの？
  *B : 知らない。招待状には書かれてなかったけど。

★s'habiller：着る。Il faut s'habiller comment pour y aller ? はドレスコードを尋ねる表現。会話では疑問詞は動詞の後ろに置くので、s'habiller comment の順番になる。

★carton は「ボール紙」だが、くだけた表現で「招待状」を意味する。

252 Il sera là d'une minute à l'autre.

[イル スラ ラ デュヌ ミニュトゥ ア ロートゥル]

▶ もうすぐ来るよ。

A : Simon n'est pas encore arrivé ?
B : Non mais il a téléphoné ! **Il sera là d'une minute à l'autre.**

  *A : シモンはまだ来てないの？
  B : うん、でも電話があったから、もうやってくるよ。

★d'une minute à l'autre は「ある瞬間から別の瞬間へ」→「すぐに」。

253 Tu chopes la crève à tous les coups !
[テュ ショップ ラ クレーヴ ア トゥ レ ク]
▶ **風邪ひくに決まってる！**

A : Je sais pas ce que j'ai mais j'ai super mal à la gorge et à la tête.
B : Je t'avais prévenu ! Sortir sans manteau par ce froid-là, **tu chopes la crève à tous les coups !**

　A：なんでだろう、のどと頭がすごく痛い。
＊B：言ったでしょ。こんな寒いのに、コートなしで外に出るなんて、風邪ひくに決まってる！

★avoir mal à ＋ 体の部位：～が痛い。
★prévenir：前もって知らせる、予告する。例：C'est pas faute de t'avoir prévenu !（前からちゃんと忠告してたのに！）
★choper la crève：風邪をひく。choper は「(病気に) かかる」、crève は「ひどい風邪」という意味で、いずれもくだけた語。「風邪をひく」の一般的な言い方には attraper le froid や prendre froid がある。
★à tous les coups は「毎回」→「だから今回もきっと、必ず」という意味 (⇒ 405)。

254 Il n'arrive jamais à joindre les deux bouts.
[イル ナリーヴ ジャメ ア ジョワンドゥル レ ドゥ ブ]
▶ **彼はいつもやりくりに苦しんでいる。**

A : Avec tout l'argent qu'il gagne, je ne comprends pas pourquoi **il n'arrive jamais à joindre les deux bouts.**
B : Normal ! Tout son fric part en CD.

　A：あれだけお金稼いでて、なんで彼はやりくりが苦しいのか理解できない。
＊B：当たり前でしょ！　稼いだお金は全部 CD に消えていくんだから。

★joindre les deux bouts は「先と先を結びつける」→「何とか収支を合わせる」の意。
★fric は argent（お金）のくだけた言い方。
★partir は「出発する」だが、ここでは「(出発して) 消え去る」の意味。

CHAPITRE 4

255 Je regrette de ne pas pouvoir rester plus longtemps.

[ジュ ルグレトゥ ドゥ ヌ パ プヴォワール レステ プリュ ロンタン]

▶ 残念ですが、あまりゆっくりしていられないのです。

A : Allez Leroy, encore un petit verre ?

B : C'est pas l'envie qui m'en manque et **je regrette de ne pas pouvoir rester plus longtemps,** mais j'ai encore plein de boulot qui m'attend.

*A : さあ、ルロワさん、もう一杯いかが？
B : ぜひいただきたいところですが、残念ながら、あまりゆっくりしていられないのです。まだかなりの仕事が残っているので。

★C'est pas l'envie qui m'en manque. の直訳は「私に足りないのは欲求ではない」。「そうしたい気持ちはあるのですが」と、申し出を断るときに使われる。

★Je regrette de ne pas pouvoir rester plus longtemps. は、おいとまするときの丁寧な表現。フランスでは、招待された人はその家に長くいることが礼儀。悪いからと思ってすぐに帰ると、楽しくないのかと勘違いされ、逆に失礼に当たる。

★boulot : 仕事 (= travail)。くだけた言い方。

256 Qu'est-ce que j'ai bien pu faire de mes clés ?

[ケス ク ジェ ビアン ピュ フェール ドゥ メ クレ]

▶ 鍵、どこにやっちゃったんだろう？

A : **Qu'est-ce que j'ai bien pu faire de mes clés ?** Tu les aurais pas vues, par hasard ?

B : Non et tu me fatigues. Si seulement ça pouvait t'apprendre à ranger un peu tes affaires.

A : 鍵、どこにやっちゃったんだろう？ もしかして見なかった？
*B : ううん。もう！ 少しは自分のものをきちんと整理する癖がつけばいいのに。

★faire A de B で「B を A にする」の意。ここでは qu'est-ce que (何を？) が A に当たり、「鍵を何にしたか」→「鍵をどうしたか」となる。なお、pouvoir には疑問文で「いったい～だろう」と当惑やいらだちを表す使い方がある。

★par hasard : 偶然に、ひょっとして。疑問文ではおずおずと尋ねる感じになり、「仮に」というニュアンスで条件法がよく使われる。同じく hasard を使った熟語に、au hasard (適当に、でたらめに) がある。例: Choisis au hasard. (適当に選びなよ。)

★fatiguer : (人を) 疲れさせる。Tu me fatigues. で「君にうんざりだ」の意。

★si seulement + 半過去形 : せめて～だったら (よいのに)。

Chapitre 5

お願い・命令 フレーズ

依頼や指示、禁止の表現を学んでみよう。
ほかにも、「心配しないで」となぐさめたり、
「落ち着いて」となだめたり、
命令形を使っていろんなことが表現できます。

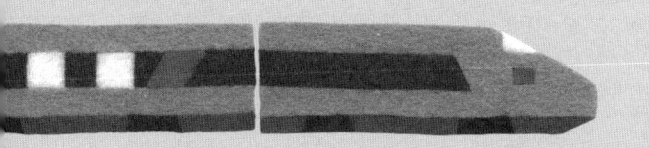

257 T'inquiète !
[タンキエトゥ]
▶ 心配しないで／大丈夫！

A : Elodie devrait déjà être rentrée ! Mais, qu'est-ce qu'elle peut bien faire ?
B : **T'inquiète !** Elle a dû aller chez une copine. Laisse-la vivre un peu ! Tu l'étouffes !

　A : エロディはもう帰ってきててもいいのに！ いったい何してるんだ？
*B : 心配しなくて大丈夫！ 女の子の友だちのところに行ってるんでしょ。ちょっとは好きにさせたら！ 息が詰まっちゃうじゃない。

★devrait, a dû の不定詞は devoir。「〜でなくてはいけない」または「〜に違いない、〜のはずだ」の意味。要は「そうであってしかるべき」が devoir の意味。

★T'inquiète. は、Ne t'inquiète pas. の ne と pas が省略されたくだけた言い方。pas まで省略されると否定かどうかわからないように思えるが、否定命令文では、代名詞が動詞の前なので、その位置でわかる。肯定だと Inquiète-toi. となる。

258 Regarde voir.
[ルガルドゥ　ヴォワール]
▶ 見てきて。

A : **Regarde voir** si j'ai pas laissé la fenêtre de la salle de bains ouverte.
B : Non mais tu ne m'as pas regardée ? Vas-y toi-même au lieu de rester vautré devant la télé.

　A : お風呂の窓、開けっ放しにしなかったか見てきて。
*B : 誰に向かって言ってるの？ テレビの前に寝転がってないで、自分で行ってきてよ。

★Regarde voir. は、regarder（眺める）と voir（見える）の２つを使って、「見てこい」というくだけた表現。si ...（〜かどうか）を続けることもできる。

★Tu ne m'as pas regardé ? の直訳は「あなたは私を見なかったのか？」だが、「見損なうなよ」というニュアンスで使う。Tu m'as bien regardé ? とも言う。

259 T'occupe pas !
[トキュプ パ]

▶ ほっといてよ！

A : Pourquoi tu t'habilles toujours comme un vieux ?
B : **T'occupe pas !** Est-ce que je te demande, moi, pourquoi tu t'habilles comme une minette ? Non ! Alors...

 *A : なんでそんな年寄りっぽい格好してるの？
  B : ほっといてくれ！ 僕が、なんでそんなギャルっぽい格好してんの？って聞いたことあるか？ ないだろ！ だったらさあ…

★s'occuper (de ...)：（〜に）関わる。(Ne) t'occupe pas. は tu に対する否定命令。会話では ne だけでなく pas も省略して T'occupe. となることもある（⇒ 257 ）。

★minette はくだけた表現で、「見た目ばかり気にして、中身のない女の子」を指す。

260 Soyez sympa.
[ソワイエ サンパ]

▶ お願いですから／頼みますから。

A : Allez monsieur, **soyez sympa,** donnez-moi une bonne note. Je vous promets de faire des efforts.
B : Je regrette. Je n'arrive plus à croire en vos promesses.

 *A : ねえ、先生。お願いですから、いい点数をください。がんばりますから。
  B : 残念だけど、その言葉はもう信じられないなあ。

★sympa は sympathique の略。Soyez sympa(thique). は、依頼文と共に使われると、「お願いですから、頼むから」のように、懇願するニュアンスになる。

★faire des efforts：努力する、がんばる。

★Je regrette. は「残念だが、あなたの意向には添えない」というニュアンス。

261 Laisse tomber !
[レス トンベ]

▶ ほっときなよ！

A : J'espère qu'il n'est pas fâché contre moi à cause de ce que je lui ai dit.
B : **Laisse tomber !** Il se fâche toujours pour n'importe quoi mais ça dure pas.

 *A : 私が言ったことで、彼が怒ってないといいけど。
  B : ほっといていいよ！ 彼はいつも何にでも腹を立てるけど、すぐ治まるから。

★être fâché(e) は「怒っている（＝状態）」。se fâcher は「腹を立てる（＝行為）」。

★laisser tomber：(何かが)落ちるがままにする。Laisse tomber. で「もうこのことはいいよ」となる。例: On va laisser tomber. (ほっておこう。)

CHAPITRE 5 117

262 Fais gaffe.
[フェ ガフ]
▶ 気をつけて。

A : Je sais pas ce que j'ai mais j'ai mal partout depuis hier soir.
B : Tu couves peut-être une grippe. **Fais gaffe,** l'épidémie a l'air plus méchante cette année. Tout le monde tombe comme des mouches.

*A : 何だか昨日の夜から、体のいろんなところが痛いんだけど。
 B : インフルエンザにかかりかけなのかも。注意したほうがいいよ。今年のはひどいらしいし。みんなばたばたと倒れているよ。

★「注意する」は faire attention が一般的だが、faire gaffe も会話でよく使う。
★avoir l'air + 形容詞：〜のように見える、〜のようだ。
★tomber comme des mouches：ばたばたと倒れる。直訳は「ハエのように倒れる」。

263 Allez-vous-en !
[アレヴザン]
▶ 出てってください！

A : Vous n'avez pas le droit de rester ici pour jouer ! **Allez-vous-en !**
B : Et, depuis quand c'est interdit ?

*A : ここで演奏することはできませんよ。さあ出てってください！
 B : だめだなんていつ決まったんですか？

★s'en aller：（今いる場所を）立ち去る。Allez-vous-en. は、人を立ち退かせるときのニュートラルな表現。
★Depuis quand c'est interdit ? を直訳すると「いつからそれは禁止ですか？」。反論の表現 (⇒ 409)。

264 Faites la queue.
[フェトゥ ラ ク]
▶ 列に並んでください。

A : Pardon Madame, c'est pour un simple renseignement.
B : C'est possible mais **faites la queue** comme tout le monde.

 A : すみません、マダム、ちょっと聞きたいことがあるだけなので。
*B : そうかもしれませんが、ちゃんと並んでください。みなさんそうしてますよ。

★renseignement：問い合わせ。
★faire la queue：列を作る。queue は「しっぽ、尾；（並ぶ人の）列」の意。

265 Pas de panique.
[パ ドゥ パニック]
▶ 落ち着いて。

A : Mais, tu es où ? Tu as plus d'une heure de retard !
B : **Pas de panique.** Je me change et j'arrive.

　A : で、どこにいるの？ 1時間以上も遅れてるよ。
＊B : まあまあ。着替えて、すぐ行くから。

★(Il n'y a) pas de panique. は、慌てている相手をなだめるための表現。Il n'y a の部分は、会話ではよく省略される。

★se changer : 着替える。

266 Ne t'emballe pas !
[ヌ タンバル パ]
▶ 落ち着いて！

A : Regarde chéri ! Il est trop mignon ! Adoptons-le ! Il est vraiment trop chou !
B : Oh, oh ! **Ne t'emballe pas !** Un chien, c'est une responsabilité. Faut réfléchir.

＊A : あなた、見て！ かわいすぎる！ 飼おうよ！ ほんとかわいすぎる！
　B : 落ち着いてよ！ 犬って、責任が伴うんだよ。ちゃんと考えてからだよ。

★s'emballer は「興奮する、夢中になる」という意味のくだけた語。否定命令の (Ne) t'emballe pas. で「落ち着いて」となる。

★un chien はここでは、「犬というものは」と一般論を話す際の不定冠詞の用法。

267 N'en parlons plus.
[ナン パルロン プリュ]
▶ もうその話はやめよう。

A : Désolé pour tout à l'heure. Je m'emballe, je m'emballe et je dis n'importe quoi.
B : C'est pas grave. **N'en parlons plus.**

　A : さっきはごめん。頭に血が上っちゃって、頭に血が上ると、とんでもないこと言ってしまうんだ。
＊B : 大丈夫。もうその話はやめようよ。

★s'emballer : 興奮する、夢中になる (⇒ 266)。

★N'en parlons plus. の parlons は parler (話す) の nous に対応した命令形。全体で「もうそれについて話すことはやめましょう」という意味。

CHAPITRE 5

268 T'en fais pas !

[タン フェ パ]

▶ 心配しないで／大丈夫！

A : Cette histoire du mariage pour tous divise vraiment les Français.
B : **T'en fais pas !** Le mariage homo finira bien par rentrer dans les mœurs, exactement comme ça s'est passé pour le PACS.

　A : この「みなのための結婚」法案は、フランスを二分しているよね。
*B : 大丈夫！ 同性愛者の結婚も、いずれ人々に受け入れられていくよ、まさにパクスがそうだったようにね。

★le mariage pour tous (みなのための結婚) は法律の名称で、これによってフランスでは同性間の結婚が認められた。PACS (パクス) は、同棲しているカップルに、同性間、異性間を問わず、結婚している場合とほぼ同じ権利を保障する法律。

★ne pas s'en faire: 心配しない；遠慮しない。T'en fais pas. は、親しい間柄で使う「大丈夫だよ」という決まり文句。

★rentrer dans les mœurs (世間の中に入る) で、人々の間に習慣のように受け入れられるようになることを指す。mœurs は「風習、習慣」の意味。

269 Faut pas rêver !

[フォ パ レヴェ]

▶ 夢見てんじゃないよ！

A : C'est tout ce qu'il y a à manger ?
B : Qu'est-ce que tu crois ? Tu viens toujours comme ça, sans prévenir, sans crier gare. Et tu voudrais un festin ? **Faut pas rêver !**

*A : 食べ物はこれだけ？
　B : 何言ってるの？ いつも連絡もしないで突然やってきてさあ。ごちそうでも期待してるの？ 夢見てんじゃないよ。

★Qu'est-ce que tu crois ? は「いったい何を考えてるの？」と、相手のことを否定するときの表現。

★sans crier gare: 突然。直訳は「気をつけろと叫ぶことなしに」。例: Elle t'a quitté comme ça, sans crier gare ? (突然、彼女に捨てられたの？)

★Faut pas rêver. は「夢を見てはいけない」→「あなたの考えていることは到底現実的ではない」と相手を非難するときに使う表現。

270 Ne t'embête pas !
[ヌ タンベトゥ パ]
▶ わざわざいいよ。

A : Tu veux que je t'aide à faire la vaisselle ?
B : Non, **ne t'embête pas !** Je la ferai tranquillement demain matin.

  *A : 食器洗うの手伝おうか？
  B : そんな、わざわざいいよ。明日の朝ゆっくりやるから。

★Tu veux que je ... ?（～してほしい?）は申し出の表現。que の後の動詞は接続法。
★embêter は「うんざりさせる、困らせる」。代名動詞 s'embêter は「わざわざ自分で煩わしいことをする」ということ。否定命令の Ne t'embête pas ! で「そんな煩わしいことをしなくていいよ」というニュアンス。

271 Prenez votre temps.
[プルネ ヴォトゥル タン]
▶ ゆっくりどうぞ。

A : Maman, on va arriver en retard ! On est bloqués dans un embouteillage.
B : C'est pas grave. **Prenez votre temps.** Y a rien qui presse.

  A : ママ、着くのが遅れるよ。渋滞に巻き込まれて動かないんだ。
  *B : 大丈夫。ゆっくりいらっしゃい。急ぐことはないんだから。

★embouteillage：渋滞。もともとは「bouteille（ビン）に詰めること」という意味。
★Prenez votre temps. は「自分のペースで大丈夫だよ」と言うときに使う表現。tu で話す相手に対しては Prends ton temps. となる。

272 Ça se dit pas !
[サ ス ディ パ]
▶ そんなこと言っちゃだめだよ。

A : J'ai dit au directeur que c'était un incapable. Je me suis pas gênée !
B : T'es complètement folle ! Tu peux le penser mais **ça se dit pas !**

  *A : 上司に、役立たずって言ってやったの。もう遠慮なくね！
  B : ほんとにバカだなあ！ 思ってもいいけど、言っちゃだめだよ！

★se gêner：遠慮する。ここでは否定で使われ、「遠慮なく～した」となる。
★Ça (ne) se dit pas. の直訳は「それは言われない」。実際には「そんなことは言うものじゃない」という禁止のニュアンスを帯びる。

CHAPITRE 5

273 Tu peux faire court.
[テュ プ フェール クール]
▶ **手短かに話して。**

A : Le directeur a vraiment pas fait dans la dentelle avec elle. Il lui a dit des trucs incroyables, du genre… euh…

B : Ecoute, **tu peux faire court** parce que je suis vraiment débordée.

　A : あの上司の彼女への態度が本当にひどいんだよ。信じられないこと言ってるしさ、あの種の、えっと…
　*B : あのさ、手短かに話してくれるかな。私、本当に忙しいの。

★ne pas faire dans la dentelle を直訳すると「レースの中ではしていない」。そこから「デリカシーのない態度を取る」の意味になる。

★Tu peux faire court. は、相手のおしゃべりを止めるための一言。court は普通、形容詞で「短い」だが、ここでは副詞として使われて「短く」の意味。

274 Ne te fatigue pas.
[ヌ トゥ ファティグ パ]
▶ **無理しなくていいよ。**

A : C'est pas que j'ai pas confiance en toi, mais, en ce moment, c'est un peu…

B : **Ne te fatigue pas**, j'ai compris ! Tu veux pas me prêter d'argent, c'est tout !

　*A : 信頼してないわけじゃないよ、ただ、ちょっと今は…
　B : 無理しなくていいよ。わかったよ！ 要はお金貸したくないってことだろ！

★C'est pas que j'ai pas ... は二重否定で「〜ではないというわけではない」という言い回し。

★avoir confiance en ＋人：〜を信用する。

★Ne te fatigue pas. は「疲れるようなことはしなくていい」→「無理をするな」という意味。場合によってはこの会話例のように、何もしてくれない相手への皮肉にもなる。

275 Tu peux me dépanner ?
[テュ プ ム デパネ]
▶ 助けてくれる？

A : J'ai plus d'argent liquide. **Tu peux me dépanner ?**
B : Ça m'arrange pas trop. Mais pourquoi t'en retires pas au distributeur ?

　　*A : もう現金がないんだ。助けてくれる？
　　　B : ちょっと難しいなあ。だいたいなんでお金を引き出さないの？

★argent liquide: 現金。liquide だけでも「現金」の意味で使われる。
★dépanner は panne (故障) から派生した動詞で「故障を直す」。くだけた表現では「(お金に困っているのを) 助ける」という意味で使われる。
★Ça (ne) m'arrange pas trop. は「それは私にとってあまり都合がよくない」。

276 Mettez-vous à l'aise.
[メテヴ ア レーズ]
▶ どうぞ楽になさってください。

A : Faites comme chez vous, **mettez-vous à l'aise !**
B : Merci, c'est très gentil.

　　*A : どうぞおくつろぎになって、楽になさってください！
　　　B : ご親切に、ありがとうございます。

★Mettez-vous à l'aise. は人を自宅に招いたときの決まり文句。直訳は「自分を楽な状態に置いてください」。さらに Faites comme chez vous. と言えば、「自宅にいるように (気楽に) なさってください」となる。
★C'est gentil. (ご親切にどうも) は、お礼を言うときの少し改まった言葉。

277 Ne t'en mêle pas !
[ヌ タン メル パ]
▶ 余計なお世話！

A : Moi, si j'étais toi, je m'y prendrais autrement !
B : Eh bien, justement, t'es pas moi, alors, **ne t'en mêle pas !**

　　　A : 僕だったら、そんなふうにはしないよ！
　　*B : うん、まさにそう。あなたは私じゃないんだから、余計なお世話！

★si + 半過去形: もし〜だったら。si j'étais toi で「もし私があなたの立場にいたら」。
★s'y prendre: ふるまう。bien [mal] を伴い「うまく [まずく] ふるまう」のように使う。ここでは仮定の話なので、条件法の je m'y prendrais が使われている。
★se mêler de ...: 〜に口出しする。de ... を en で置き換えると、s'en mêler となる。ここでは tu に対する否定命令で、強い拒否の気持ちを表す。

CHAPITRE 5

278 Lâche-moi les baskets !

[ラシュ モワ レ バスケットゥ]

▶ ほっといてよ！

A : T'es toujours scotché à ton portable ! Tu n'as rien de mieux à faire ?
B : **Lâche-moi** un peu **les baskets** ! Je t'embête, moi, quand tu passes des heures devant ton miroir ?

*A : 携帯にべったりね！ ほかにすることないの？
B : ちょっとほっといてよ！ そっちが鏡の前で何時間も過ごしてるときに、僕がじゃましたことあった？

★scotché(e) は、scotch（セロファンテープの登録商標）に対応した形容詞。「テープのようにくっついている」ということ。

★Lâche-moi les baskets. は「私のスニーカーをほうっておいてくれ」→「好きなようにさせてくれ」というくだけた表現。標準的な表現としては Laisse-moi tranquille.（私を静かな状態に置いて → ほっといてくれ）がある。

279 Occupe-toi de tes oignons !

[オキュプ トワ ドゥ テゾニョン]

▶ 口出しするな！

A : A ta place, j'essaierais déjà d'arrêter de boire si je voulais sauver mon couple.
B : **Occupe-toi de tes oignons** ! T'es pas à ma place et je t'ai rien demandé !

*A : 私だったら、二人の関係を守るために、まずはお酒をやめるけどな。
B : 口出ししないでくれ！ お前は俺じゃないし、アドバイスしてくれなんて言ってない。

★à ta place は「もし自分があなたの立場だったら」と仮定を表す。

★Occupe-toi de tes oignons. の直訳は「自分のタマネギの世話をしていろ」。つまり「こちらの世話などしなくていい」→「余計なお世話だ」。一般的な言い方では oignons の代わりに affaires（事柄）を使う。逆に、もっとくだけた言い方では fesses（おしり）を使う。

280 De quoi je me mêle ?
[ドゥ クワ ジュ ム メル]

CHECK✓

▶ 口出ししないでくれる？

A : Pourquoi tu t'y prends comme ça ? Moi, à ta place, je commencerais par le plus difficile.
B : **De quoi je me mêle ?** De toute façon, ça revient au même.

 A：なんでそんなふうにするの？ 僕だったら一番難しいところから始めるのに。
*B：口出ししないでくれる？ どっちにしたって同じことでしょ。

★se mêler de ...：〜に関わる、口を出す。ここで主語が je なのは、「私だったら何に口出しするだろうか（しないだろう）」→「だからあなたも口出しするな」というロジック。

★Ça revient au même.：結局同じことだ（⇒ 170 ）。

281 Ne te rends pas malade.
[ヌ トゥ ラン パ マラドゥ]

CHECK✓

▶ 心配しないで。

A : Mon gâteau, mon gâteau, il est raté ! Qu'est-ce qu'on va faire ?
B : **Ne te rends pas malade** pour ça ! On va en acheter un et puis c'est tout !

 A：僕のケーキ、僕のケーキ、失敗した！ どうしよう？
*B：心配しなくていいよ。買えばいいだけのことでしょう！

★Ne te rends pas malade. は「自分を病人にするな」→「病人になるほど心配する必要はない」という意味で使う。より一般的な言い方は Ne t'inquiète pas.

★C'est tout.（それで全てだ）は、話を終わらせるときに用いる（⇒ 18 ）。

282 Te fâche pas pour si peu !
[トゥ ファシュ パ プル スィ プ]

CHECK✓

▶ そんなささいなことで怒るなよ！

A : **Te fâche pas pour si peu !**
B : On voit bien que c'est pas toi qui t'es fait engueuler.

 A：そんなささいなことで怒るなよ！
*B：自分が怒られてないから、そんなことが言えるんでしょ。

★se fâcher は口語で「腹を立てる」。「気分を害する、すねる」という意味もある。
★peu：ささいなこと。pour si peu で「そんなささいなことが理由で」の意味。
★se faire engueuler：怒られる。〈se faire + 不定詞〉で「〜される」という受け身の意味になる。例：Il s'est fait rembourser par son assurance.（彼は保険の払い戻しをしてもらった。）

CHAPITRE 5 125

283 Arrête de te faire du mal.
[アレットゥ ドゥ トゥ フェール デュ マル]
▶ **自分を責めるのはやめなよ。**

A : Tu vois, si je m'y étais pris autrement, on n'en serait pas là.
B : **Arrête de te faire du mal.** Tu pouvais pas prévoir.

　A：ね、もし別の方法を取っていたら、こんなことにはなってないのに。
＊B：自分を悪く言うのはやめたら。どうなるかなんてわからなかったんだし。

★s'y prendre：振る舞う、行動する。〈si ＋ 大過去形〉で過去の事実に反する仮定を表す。その後に条件法現在形の文を続けて、「（過去に）もし～だったら、今は…なのに」。en être là は「（その地点まで）達している」なので、on n'en serait pas là は「こんなことにはなっていないのに」と後悔を表している。

★arrêter de ＋ 不定詞：～をやめる。「～するな」と禁止を表すときによく使われる。

★mal：苦しみ。se faire du mal は直訳すると「自分に苦しみを与える」の意。

284 Faut pas te gêner avec moi !
[フォ パ トゥ ジェネ アヴェク モワ]
▶ **遠慮することないよ！**

A : Ça me gêne beaucoup de te demander ça mais en ce moment, je suis un peu juste, si tu vois ce que je veux dire.
B : **Faut** surtout **pas te gêner avec moi !** Tu as besoin de combien ?

＊A：こんなことをお願いするのは気が引けるんだけど、ここのところ、ちょっとぎりぎりなのよね、わかるかな。
　B：そんな遠慮しなくていいよ！　いくら必要なの？

★gêner：（精神的に）窮屈な思いをさせる。Ça me gêne. は「それが私を気詰まりにさせる」。代名動詞〈se gêner avec ＋ 人〉で「～に気を遣う、遠慮する」。

★juste：（分量が）ぎりぎりの。この意味のときはよく un peu を付ける。ここではお金に困っていることを指す。

★surtout：特に。ここでは否定の pas を強めている。

285 N'essayez pas de noyer le poisson.
[ネセイエ パ ドゥ ノワイエ ル ポワソン]
▶ 話をそらさないでください。

A : Ecoutez, Monsieur le directeur, je peux tout expliquer. C'est à cause du vélo de mon petit-fils qui...
B : Ça suffit, Legrand, vous êtes en retard. Point barre! **N'essayez pas de noyer le poisson** avec vos sempiternelles explications abracadabrantes.

*A : あの、部長、全部説明させてください。孫の自転車が…
B : もういいですよ、ルグランさん、要は遅刻。おしまい！ 長ったらしい、わけのわからない説明で、話をそらさないでください。

★Point barre.: それだけだ、話は以上だ (⇒ 19)。
★noyer le poisson (魚を溺れさせる) とは、釣り上げる前に魚を泳がせて疲れさせるところから、「何かを避けるために、事態を混乱させて相手が投げ出すのを待つ」ことを指す。

286 si ce n'est pas trop vous demander
[スィ ス ネ パ トゥロ ヴ ドゥマンデ]
▶ ご面倒でなければ

A : Je peux vous offrir quelque chose ?
B : Oui, une vodka orange, **si ce n'est pas trop vous demander**.

A : 何かお飲みになりますか？
*B : では、ご面倒でなければ、ウォッカ・オレンジをお願いします。

★offrir: 贈る、提供する、差し上げる。「相手に何かを与える」ことを丁寧に表現する動詞。特に Je peux vous offrir quelque chose ? は、相手に飲み物を尋ねるときの典型的表現。
★si ce n'est pas trop vous demander の直訳は「もしそれがあなたに頼み過ぎになるのでなければ」。

287 Tu pourrais pas me filer un coup de main ?

[テュ プレ パ ム フィレ アン ク ドゥ マン]

▶ ちょっと手伝ってくれない？

A : Ça avance ta dissert ?
B : Tu parles ! Je nage complètement ! **Tu pourrais pas me filer un coup de main ?**

  *A : 論述は進んでる？
   B : 何言ってるんだ！ 完全に行き詰まってるよ！ ちょっと手伝ってくれない？

★dissert は dissertation の略。フランスの高校・大学で、与えられたテーマに沿って論述する作文のこと。

★nager は「泳ぐ」だが、くだけた表現で「途方に暮れる」という意味がある。

★Tu pourrais ...?（〜してくれる？）は条件法を使っているので、tu の間柄でも丁寧なお願いのニュアンスが出る。例: Tu pourrais te montrer un peu plus sociable avec mes collègues ?（私の同僚にもう少し愛想よくしてくれない？）

★un coup de main は「軽い手の動き」だが「手助け」のこと。filer un coup de main で「ちょっと手伝う」の意味。filer（与える）はくだけた語で、donner を使うほうが一般的。un coup de ... は「〜の素早い動き」という意味で、様々な表現を作る。例: donner [passer] un coup de téléphone（電話を一本かける）

288 Pour une fois que je te demande quelque chose.

[プル ユヌ フォワ ク ジュ トゥ ドゥマンドゥ ケルク ショーズ]

▶ たまには頼みを聞いてよ。

A : Non, non ! J'ai vraiment pas envie d'y aller.
B : S'il te plaît ! **Pour une fois que je te demande quelque chose.** Fais un effort !

   A : やだよ、やだよ！ 本当に行きたくないんだ。
  *B : お願い！ 私がこうしてめずらしくお願いしているんだから。少しはがんばってよ！

★avoir envie de ... : 〜したい、〜がほしい。動詞 vouloir のほかに、この表現もよく使う。

★pour une fois que ... : 〜はめずらしいことだから。ここでは「たまには私の頼みごとを聞いて」と相手にお願いしている。

★faire un effort :（他人のために）骨を折る。

128　CHAPITRE 5

Chapitre 6

遊び・食事 フレーズ

友だちと街に出かけたり、
食事に行ったり、買い物したり。
そんな場面で役立つ表現を集めました。
旅行中に使える表現も満載です。

289 Sur place.
[スュル プラス]

▶ 店内で食べます。

CHECK✓

A : C'est à emporter ?
B : Non, **sur place.**

　　A : テイクアウトですか？
　*B : いいえ、店内です。

★emporter: 持っていく。à emporter で「持っていくべき（食べ物）」、つまり「テイクアウト」。

★sur place は「現場で、現地で」の意味だが (⇒ 326)、ファストフード店で「店内で（食べる）」という意味の決まり文句として使われる。

290 On bouge ?
[オン ブージュ]

▶ そろそろ出ようか？

CHECK✓

A : Bon, on va pas rester ici toute la soirée ! **On bouge ?**
B : Je veux bien. On va où ?

　　A : さて、ここに一晩中いるわけじゃないよね。出ようか？
　*B : そうだね。どこに行く？

★bouger は「動く」という意味だが、ある場所にいて「じゃあそろそろ出ようか？」と言うときに使う。

★Je veux bien.（そうだね）は軽い承諾の表現。bien vouloir で「同意する、喜んで～する」の意。

291 Ça me va ?
[サ ム ヴァ]

▶ 似合う？

CHECK✓

A : J'ai l'impression que je suis ridicule. Tu es sûre que **ça me va ?**
B : Sûre et certaine ! Si je te le dis ! Fais-moi confiance.

　　A : 何だか変な感じがするんだけど。本当に似合ってる？
　*B : 本当だってば。私がそう言ってるんだから、信用してよ。

★aller（行く）には、〈もの + aller à + 人〉で「ものが人に似合っている」という用法がある。

★sûr も certain も「確実な」という意味。Sûr et certain. と２つ並べて「絶対確実だ」と強調している。ここでは女性が話しているので女性形。

CHAPITRE 6

292 Tu nages dedans !
[テュ ナージュ ドゥダン]
▶ ぶかぶかだよ！

A : Qu'est-ce que t'en penses ? Elle me va comme un gant, cette chemise.
B : Mais enfin, t'as pas les yeux en face des trous. **Tu nages dedans !**

　A：どう？　このシャツ、サイズぴったりだね。
*B：いったいどこに目が付いてるの？　ぶかぶかじゃない！

★aller à + 人：（服などが）人に似合う。comme un gant（手袋のように）を付けると、「サイズがぴったりだ」という意味になる。

★ne pas avoir les yeux en face des trous：穴の正面に目がない。T'as pas les yeux en face des trous. は日本語の「お前の目は節穴か？」に近い。

★nager dedans：（服が）ぶかぶかである。直訳は「その中を泳いでいる」。

293 Ça fait combien ?
[サ フェ コンビアン]
▶ いくらになりますか？

A : **Ça fait combien ?**
B : Ça vous fait vingt-deux euros !
A : Vingt-deux euros ? Pour deux cafés et un Perrier citron, vous plaisantez ?

*A：いくらになりますか？
　B：22ユーロになります！
*A：22ユーロ？　コーヒー2杯とレモン入りペリエで？　冗談でしょ？

★複数の品物の合計金額を言うときは、〈ça fait + 金額〉と faire を用いる。1つの品物の値段を言うときは coûter を使う。例：Ça coûte dix euros.（10ユーロです。）

★Vous plaisantez ?：冗談でしょう？（⇒ 81 ）。

294 Pas qu'un peu.

[パ カン プ]

▶ 盛大にやろう。

A : Comment ? Julie a son bac !? Faut fêter ça !
B : T'as raison, ça se fête et **pas qu'un peu.** On s'y attendait tellement pas !

*A : 何？ ジュリがバカロレアを取れたの!? お祝いしなきゃ！
 B : 本当、お祝いだよ、しかも盛大にね。本当に無理だと思ってたんだから！

★bac は baccalauréat（バカロレア）の略。フランスの大学入学資格試験。

★pas qu'un peu は「少しだけではない」→「盛大に」。un peu が「少し」。que ... は「〜だけ」。pas で「少しだけ」を否定する。

★s'y attendre：そのことを予想する、予期する。

295 En panne sèche ?

[アン パヌ セッシュ]

▶ ガス欠？

A : **En panne sèche ?** Mais comment tu t'y es pris pour faire un plein en plein milieu du désert ?
B : J'avais prévu le coup ! J'avais emporté un jerrican de trente litres dans le coffre.

*A : ガス欠になった？ でもどうやって砂漠の真ん中でガソリンを満タンにできたの？
 B : そんな予期せぬこともあるかと思って、30リットルの石油缶をトランクに積んでたんだ。

★panne sèche：ガス欠。panne は「故障」、sec [sèche] は「乾いた」。「水分（=ここではガソリン）がなくなった故障」→「ガス欠」ということ。

★J'avais prévu le coup.：こういうこともあるかと思っていた（⇒ 177 ）。

296 On fait moitié-moitié ?
[オン フェ モワティエ モワティエ]
▶ 割り勘にしようか？

A : **On fait moitié-moitié ?**
B : Ecoute, je sais que tu n'es pas très en fonds, en ce moment alors, pour une fois, laisse-moi t'inviter.

 A：割り勘にしようか？
 *B：ねえ、最近あまりお金がないんでしょ。今回はおごらせてよ。

★moitié-moitié: 半分ずつ。くだけた表現に moite-moite もある。
★être en fonds: 手持ちのお金がある。fonds は「資金、現金」のこと。

297 Tout est fait main ?
[トゥ テ フェ マン]
▶ 全て手作りですか？

A : **Tout** ce que vous avez en boutique **est fait main ?**
B : Oui quasiment, à part ces pièces qui sont produites industriellement… en Chine.

 *A：こちらのお店のものは全て手作りですか？
 B：はい、ほとんどそうですが、こちらのものは、中国の工業製品になります。

★fait main: 手作りの。fait à la main とも言う。
★à part …: 〜を除いて。
★pièce は「品物」を指す。

298 Laissez-le comme ça !
[レセ ル コム サ]
▶ そのままで結構です。

A : Le vase, je vous l'emballe ?
B : Non, non ! **Laissez-le comme ça !** J'habite juste à côté.

 A：花瓶はお包みしましょうか？
 *B：いえ！ そのままで結構です。住んでいるのはすぐそばですから。

★emballer: 包装する。Je vous l'emballe. の vous は間接目的語で「あなたに」だが、ここでは「あなたのために」という意味。
★Laissez-le [Laissez-la] comme ça. は「それをそのままにしておいてください」。具体的に説明しなくても、comme ça (こんなふうに) と言えば OK。

CHAPITRE 6

299 C'est dans le coin.
[セ ダン ル コワン]
▶ この近くにあります。

A : Pardon, vous savez où se trouve le musée de la philatélie ?
B : Ecoutez, je suis sûr que **c'est dans le coin** mais où exactement, je pourrais pas vous dire.

*A：すみません、切手博物館はどこかご存知ですか？
 B：えっと、この近くなのは確かですが、正確にはちょっとわからないですね。

★où se trouve le musée ... と主語と動詞が倒置していることに注意。関係代名詞の後に主語と動詞しかないときには、よく倒置される。

★coin は「角、隅」だが、「この辺り」の意味でよく使われる (⇒ 301)。

★Je pourrais pas vous dire. (言うことはできない) の前に où exactement (どこか、正確には) が出ていることに注意。会話ではこのように、最も伝えたい事柄を先に言うことがある。Je pourrais pas vous dire où exactement. がもとの形。

300 Vous n'êtes pas arrivé !
[ヴ ネトゥ パ アリヴェ]
▶ まだまだですよ。

A : Pardon, Sully le Château, s'il vous plaît !
B : Ah ben, **vous n'êtes pas arrivée !** Vous en avez encore pour une bonne demi-heure de route, au moins !

*A：すみません、シュリ・ル・シャトーはどこでしょうか！
 B：えっと、まだまだですよ。少なくともここから 30 分はかかります。

★道を尋ねるときは、まず pardon と声をかけて、その後に場所の名前を言うだけで意図は通じるが、最後に s'il vous plaît を足さないと失礼になるので注意。

★Vous n'êtes pas arrivé(e). の直訳は「あなたは到着していない」。

★en avoir pour ...：(時間が) 〜かかる。

★une demi-heure は「30 分」。bon(ne) はここでは「よい」ではなく、「たっぷり (30 分)」と量の多さを示す。

301 Je suis de passage.
[ジュ スュイ ドゥ パサージュ]
▶ 滞在しているだけです。

A : Pardon, je suis un peu perdu, vous êtes du coin ?
B : Non, je suis comme vous. **Je suis de passage.**

　A：すみません、ちょっと道に迷っているのですが、この辺りの方ですか？
＊B：いいえ、私も、ちょっと滞在しているだけなんです。

★être de ...：〜に属する、〜出身である。coin は「角、隅」だが、être du coin で「近くに住んでいる」の意味となる。出身地を表す言い方はほかに venir de ...（〜出身だ）がある。例：Je viens de Tokyo.（東京出身です。）

★passage：通過、立ち寄ること。旅行や仕事で一時的に滞在しているときは、Je suis de passage. のように言う。

302 Ça m'a rien coûté.
[サ マ リアン クテ]
▶ ただ同然だった。

A : Combien je te dois pour l'agenda ?
B : Tu parles ! **Ça m'a rien coûté.** Je t'en fais cadeau.

　A：この手帳、いくらだった？
＊B：何言ってるの！ ほんとただみたいなものだから。プレゼントしてあげる。

★〈devoir ... à + 人〉で「人に（支払うべきお金の）借りがある」。Combien je te dois pour l'agenda ? は「この手帳代として私は君にいくら借りがある？」の意。

★Ça m'a rien coûté. の直訳は「それは私にとって何も値段がかからなかった」。つまり「ただ同然だった」ということ。

303 On arrose son anniversaire.
[オナローズ ソナニヴェルセール]
▶ 彼（女）の誕生日のお祝いに飲みに行こう。

A : **On arrose son anniversaire** demain soir dans un pub à St Germain.
B : Génial, j'adore ce quartier. C'est toujours très animé le soir.

　A：明日の夜、サン＝ジェルマンのパブで彼女の誕生日をお祝いして飲もうよ。
＊B：いいね、あの辺り大好きなの。夜はいつもすごくにぎやかだよね。

★「お祝いする、パーティをする」は fêter だが、お祝いにはお酒がつきもの。そんなときは arroser（祝ってお酒を飲む）を使う。もともとは「（水など）液体をまく」という意味。

304 Il est complètement parti.
[イレ コンプレトゥマン パルティ]
▶ 彼は完全に酔っぱらってる／イッちゃってる。

A : J'avoue qu'après deux ou trois verres, j'ai du mal à suivre ce que dit Patrice.
B : Laisse tomber, personne ne le comprend. **Il est complètement parti.**

　*A : 2, 3杯飲むと、パトリスが何言ってるか、ほとんどわからなくなるの。
　 B : ほっとけば。わかる人なんていないし。完全にイッちゃってるんだよ。

★laisser tomber：ほうっておく (⇒ 261)。
★partir (出発する) の過去分詞 parti(e) は「酔っぱらっている、（自分の世界に）イッちゃってる」という意味がある。「酔った」の一般的な言い方は ivre.

305 Je peux plus rien avaler.
[ジュ プ プリュ リアン アヴァレ]
▶ もうこれ以上は何も入らない。

A : Tu prendras bien un dessert pour finir, non ?
B : Non, non, j'ai beaucoup trop mangé. **Je peux plus rien avaler.**

　 A : 最後にデザートでもどう？
　*B : いい、いい。ほんと食べ過ぎちゃった。もうこれ以上は何も入らない。

★Tu prendras. は prendre (食べる) の単純未来形。単純未来形を使うとやんわりとした提案になる。
★avaler：（ごくっと）飲み込む。Je peux plus rien avaler. は「もう入らない」と満腹の様子がよく伝わる表現。「食べる」は manger.

306 Ma valise a été abimée.
[マ ヴァリーズ ア エテ アビメ]
▶ スーツケースが壊れました。

A : Quel est le problème ?
B : **Ma valise a été abimée** pendant le voyage.

　 A : どういった問題ですか？
　*B : 旅行中にスーツケースが壊れたのです。

★abimé(e)：破損した。空港でスーツケースを引き取るときに、へこんでいたりしたら、この abimé(e) が使える。

307 Un demi, s'il vous plaît.
[アン ドゥミ スィル ヴ プレ]
▶ 生ビールをお願いします。

A : **Un demi, s'il vous plaît !**
B : La même chose pour moi, s'il vous plaît.

　　A：生ビールをお願いします。
　*B：私も同じものをお願いします。

★un demi は「2分の1」だが、ここではビールの1杯を指す。もともとは un demi-litre の litre が省略されて un demi となった。ただし現在では1杯は 250 ml.
★la même chose の même は形容詞で「同じ」という意味。

308 Ça te dirait un ciné ?
[サ トゥ ディレ アン シネ]
▶ 映画なんてどうかな？

A : **Ça te dirait un ciné ?**
B : Désolé, mais j'ai vraiment pas la tête à ça !

　*A：映画なんてどうかな？
　　B：ごめん、そんなこと考える余裕さえないんだ。

★Ça te dirait ... ? は、dire の条件法を使って婉曲に提案する表現。dire は「言う」ではなく「興味をひく」の意味。
★J'ai pas la tête à ça. は「ほかのことで頭が一杯で、そのことは考えられない」という意味。

309 Ça me changera les idées !
[サ ム シャンジュラ レズィデ]
▶ 気分転換になりそう！

A : On pourrait se faire un petit resto, non ?
B : Oui, t'as peut-être raison. **Ça me changera les idées !**

　　A：ちょっとレストランでも行かない？
　*B：そうだね、いいかもね。気分も変わるよね！

★On pourrait ... は「一緒に〜しよう」と提案する表現。
★se faire ...：自分に〜をふるまう。se faire un resto は「レストランをふるまう」→「レストランに行く」。
★Ça me changera les idées. の直訳は「それが私の考えを変えさせるだろう」。気分を変えさせる原因となる物事を主語にして文を作る。

CHAPITRE 6

310 On prend un aller simple ?

[オン プラン アンナレ サンプル]

▶ 片道切符にする？

A : On prend un aller simple ?
B : Non, ça vaut pas le coup. Regarde, ça coûte presque autant que l'aller-retour.

　A : 片道切符にする？
*B : いや、もったいないよ。見て、往復切符の値段とほとんど変わらないよ。

★aller-simple：片道切符。aller-retour は「往復切符」。フランスの鉄道料金は、時期や電車の時間によって様々なので、調べるとお得な切符が見つかることも。

★Ça vaut pas le coup. は「それだけの価値はない」の意味 (⇒ 157)。

★autant：同じだけの。coûter autant で「同じ額の値段である」の意味。

311 Je me suis fait rouler.

[ジュ ム スュイ フェ ルレ]

▶ ぼられた。

A : Non, mais je rêve ! T'as acheté ce truc-là cinq cents euros ?!
B : Pourquoi ? Tu trouves que **je me suis fait rouler** ?

*A : ちょっと、ありえない！ こんなものに 500 ユーロも出したの？
　B : どうしてだよ？ 僕がぼられたとでも思ってるの？

★Je rêve. は「夢を見ている」だが、怒りを込めて「まさか、ありえない」と言うときの表現。On croit rêver. とも言う。

★rouler（巻く、転がす）は、くだけた表現で「丸め込む」という意味がある。受け身の表現〈se faire + 不定詞〉と共に使い、「だまされる」となる。

312 Je jette juste un coup d'œil.
[ジュ ジェットゥ ジュストゥ アン ク ダイユ]
▶ ちょっと見ているだけです。

A : Je peux vous aider ?
B : Non, **je jette juste un coup d'œil.** Merci.

　A：何かお手伝いいたしましょうか？
＊B：いえ、ちょっと見ているだけです。ありがとうございます。

★Je peux vous aider ? は、店員がお店に入ってきたお客に声をかけるときの決まり文句。

★Je jette juste un coup d'œil. の直訳は「私はただ一瞥を投げる」。店内で、単に商品を見たいだけのときはこのように言える。

313 C'est quoi le plat du jour ?
[セ クワ ル プラ デュ ジュール]
▶ 本日の定食は？

A : **C'est quoi le plat du jour ?**
B : Pavé de cerf, sauce au poivre mais j'en ai plus !

　A：本日の定食は何？
＊B：鹿肉のパヴェ、ペッパーソース味ですが、もうご用意がなくなりました。

★C'est quoi ? は「何？」と尋ねるときのくだけた言い方。一般的には Le plat du jour, qu'est-ce que c'est ? のように言う。

★J'en ai plus. (= Je n'ai plus de plat du jour.) は「もう本日の定食はありません」。de ... を代名詞 en で置き換えている。ne ... plus で「もはや〜ない」。

314 Vous auriez une place côté fenêtre ?
[ヴゾリエ ユヌ プラス コテ フネトゥル]
▶ 窓側の席はありますか？

A : **Vous auriez** encore **une place côté fenêtre ?**
B : Malheureusement non. Par contre, il me reste deux places côté couloir.

　A：まだ窓側の席はありますか？
＊B：残念ながらありません。通路側なら２席まだ残っています。

★Vous auriez ... ?（〜はありますか？）は avoir の条件法を使った丁寧な表現。

★place côté fenêtre：（電車などの）窓側の席。place は「席」や「広場」など用途のある場所を指す（一般に「場所」を表す言葉には endroit, lieu がある）。飛行機の窓側は côté hublot と言う（hublot は飛行機の円形の窓のこと）。

315 On peut aller manger un morceau.
[オン プ アレ マンジェ アン モルソ]
▶ 何か軽く食べに行こう。

A : On travaille depuis ce matin et là, je commence à avoir une petite faim.

B : Si tu veux, **on peut** faire une petite pause et **aller manger un morceau** dans le coin.

　A：朝から仕事していて、ちょっとお腹がすいてきたよ。
＊B：じゃあ、少し休憩して、この近くに何か軽く食べに行こう。

★avoir faim：お腹がすいた。avoir une petite faim で「少しお腹がすいた」。

★On peut ...（私たちは〜できる）は誘いや提案に使われる。

★morceau は食べ物のひとかけらを指すので（例えば un morceau de viande は「お肉の一切れ」）、manger un morceau で「軽く食べる」となる。

316 On pourrait se faire une soirée ?
[オン プレ ス フェール ユヌ ソワレ]
▶ パーティしない？

A : Samedi soir, si t'as rien de prévu ou de mieux à faire, **on pourrait se faire une soirée** ciné chez moi **?**

B : Ouais, ouais, pourquoi pas ? Je te fais confiance pour le choix des films et, si tu veux, moi, de mon côté, je me charge de trouver des trucs sympas à grignoter.

＊A：土曜の夜、何も予定がなくて、特にすることがないなら、家で映画パーティしない？
　B：うん、うん、いいね。映画のセレクトは任せる。よければ僕のほうは、何かつまむものでも用意しておくよ。

★prévu(e) は prévoir（予想する、予定する）の過去分詞。si t'as rien de prévu は「もし何も予定がなければ」。rien の後に de を加える点に注意。

★se faire ...：自分（たち）のために〜をふるまう（⇒ 309 ）。

★faire confiance à + 人：〜を信用する、〜に任せる。

★si tu veux（もしあなたが望むなら）は、相手に何かを提案するときに、丁寧な印象を与えるために付け加える表現。

317 Tu as quelque chose de prévu ?

[テュ ア ケルク ショーズ ドゥ プレヴュ]

▶ 何か予定ある？

A : **Tu as quelque chose de prévu**, ce soir ?
B : Non, j'ai rien de prévu. Pourquoi ? T'as un truc à me proposer ?

 A：今夜何か予定ある？
 *B：ううん、何も予定はないけど、なんで？ 何かアイデアでもあるの？

★quelque chose に形容詞を付けるときは間に de を入れる。rien も同様。Tu as quelque chose de prévu ? は、相手の予定を軽い感じで聞く表現。

★truc はくだけた言い方で「もの、こと」を表す。〈名詞 + à + 不定詞〉で「〜すべき…」という意味なので、un truc à me proposer は「私に提案すべきこと」。

318 Est-ce qu'il y a des navettes ?

[エス キリア デ ナヴェットゥ]

▶ シャトルバスはありますか？

A : **Est-ce qu'il y a des navettes** pour Paris ?
B : Non, mais vous avez des bus toutes les dix minutes, de la porte 29.

 A：パリ市内へのシャトルバスはありますか？
 *B：いえ、でも、リムジンバスは 10 分おきにありますよ。29 番出口から出ます。

★navette は空港内のターミナルを結ぶバス。パリ市内へは bus（バス）で入る。

★〈tous [toutes] les + 単位〉で「〜おきに」の意。「2 週間おき」であれば、toutes les deux semaines。

★porte：ドア。ここでは「出入り口」を指す。

319 Vous auriez le même en d'autres couleurs ?

[ヴゾリエ ル メム アン ドトゥル クルール]

▶ 色違いはありますか？

A : **Vous auriez le même en d'autres couleurs ?**
B : Désolé, c'est tout ce qui nous reste !

 *A：色違いはありますか？
 B：すみません、今あるのはこれだけになります。

★Vous auriez le [la] même en ... ? は、色違いのものがほしいときに使う。男性名詞のものなら le même、女性名詞は la même となる。もし男性か女性かわからなければ ça（それ）を使う。ただ、少しくだけた感じになるので、なるべく名詞の性別を覚えておきたい。あるいは、le même modèle（同じモデル）を使えば、名詞の性を気にしなくてよい。色は blanc（白）、rouge（赤）、bleu（青）、noir（黒）、jaune（黄色）など。

320 Vous nous mettrez aussi une carafe d'eau.
[ヴ ヌ メトゥレ オスィ ユヌ カラフ ド]
▶ カラフの水もいただけますか。

A : Et **vous nous mettrez aussi une carafe d'eau**.
B : Entendu, Monsieur.

　A : それから、カラフの水もお願いします。
*B : かしこまりました、お客様。

★Vous nous [me] mettrez ... は注文するときによく使う表現。Je voudrais ... のように vouloir (ほしい) を使ってもよいが、vous を主語にしている点でより丁寧。例：Vous m'en mettez quatre cents grammes. (それを 400 グラム包んでください。)

★carafe (カラフ) はガラスの水差しを指す。eau minérale (ミネラルウォーター) でなく普通の水道水 (無料で頼める) でよければ、une carafe d'eau (カラフの水) と頼む。

321 Ce n'est pas ce que j'avais commandé.
[ス ネ パ ス ク ジャヴェ コマンデ]
▶ 頼んだものと違うのですが。

A : Je suis désolée mais **ce n'est pas ce que j'avais commandé**.
B : Oh pardon, je vous ai apporté le plat de la table voisine. Je vous prie de m'excuser.

*A : 申し訳ないのですが、これは私が頼んでいたものと違うのですが。
　B : すみません、お隣のテーブルの料理を運んできてしまいました。誠に申し訳ありません。

★J'avais commandé. は commander (注文する) の大過去形。「注文した」のは「運ばれた」より前の出来事なので、大過去形が使われている。この時制を使うことで「ちゃんと頼んでいたのに…」という非難の気持ちが込められる。

★Je vous prie de m'excuser. は直訳すると「お願いですから私を許してください」。丁寧な謝罪の表現。

322 Vous pourriez me faire un paquet cadeau ?
[ヴ プリエ ム フェール アン パケ カド]
▶ プレゼント用の包装をしていただけますか？

A : Comme c'est pour offrir, **vous pourriez me faire un paquet cadeau**, s'il vous plaît ?
B : Mais bien sûr ! Ça vous fera un petit supplément de deux euros.

　A：人に贈りたいので、プレゼント用の包装をしていただけますか？
＊B：はい、もちろんです！ 2ユーロの追加になります。

★paquet cadeau：プレゼント用の包装。paquet（包み）cadeau（プレゼント）と名詞を並列する。「プレゼント」は、présentという単語があるが古めかしく、もっぱらcadeauが使われる。

323 T'as le temps de prendre un verre ?
[タ ル タン ドゥ プランドゥル アン ヴェール]
▶ 一杯飲む時間ある？

A : T'as le temps de prendre un verre ?
B : Non, je dois y aller. On s'appelle ?

　A：一杯飲む時間ある？
＊B：ないの。行かなきゃ。また電話で話そうか？

★verreは「グラス」のことだが、prendre un verreで「一杯（お酒を）飲む」。
★On s'appelle.は「どちらかがどちらかに電話をする」→「電話をし合う」。onは「私たち」。s'appelerは代名動詞の相互的用法で、お互いに同じ行為をするときに使う。

324 J'ai bien récupéré de mon décalage horaire.
[ジェ ビアン レキュペレ ドゥ モン デカラージュ オレール]
▶ 時差ぼけはかなり治った。

A : Alors, tu te sens mieux ?
B : Ah oui ! Là, je crois que **j'ai bien récupéré de mon décalage horaire.**

＊A：どう、よくなった？
　B：うん、時差ぼけはかなり治ったと思うよ。

★se sentir bien [mal]：自分の調子がよい [悪い] と感じる。mieuxはbienの優等比較級なので、「前に比べてよく」。
★J'ai récupéré.はrécupérer（元気を回復する）の複合過去形。
★décalage horaire：時差ぼけ。直訳は「時間のずれ」。

CHAPITRE 6

325 Je l'ai eu pour trois fois rien.
[ジュ レ ユ プール トゥロワ フォワ リアン]
▶ ただ同然だった。

A : Pas mal ta nouvelle voiture !
B : C'est une bagnole d'occasion mais elle marche super bien. En plus, **je l'ai eue pour trois fois rien.**

*A：今度の車、結構いいね！
　B：中古車だけど、とってもよく走るよ。しかも、ほとんどただ同然の値段で買えたんだ。

★nouveau [nouvelle] は名詞の前に付くと「今度の」という意味になる。「新品の」は neuf [neuve] で、「新車」は voiture neuve と言う。また、「中古の」は d'occasion.
★j'ai eu は avoir の複合過去形。l' (= la) は女性名詞 voiture の代わり。avoir を助動詞とする動詞の過去分詞は、その前に直接目的語が置かれると性数一致をするので、eue となる。
★pour rien：無料で、ただ同然で。trois fois（3倍）は rien を強調する表現。

326 On peut faire l'aller-retour dans la journée ?
[オン プ フェール ラレ ルトゥール ダン ラ ジュルネ]
▶ 1日で往復できますか？

A : **On peut faire l'aller-retour dans la journée ?**
B : Je vous le déconseille, il y a tellement de choses à voir et à faire sur place.

*A：1日で往復できますか？
　B：あまりすすめられませんね。いろいろ見るものや、現地ですることがいっぱいありますから。

★On peut faire ... では、je（私）ではなく on（人）を使っているので、一般論として話している。
★aller-retour：往復、往復切符。「片道切符」は aller-simple.
★Il y a tellement de choses à voir. は「見るべきものがとても多くある」。Il y a beaucoup de choses à voir.（見るべきものがたくさんある）の感嘆表現。
★sur place：現地で。ファストフード店で「店内で」と言うときもこの表現を使う（⇒ 289 ）。

327 Je voudrais faire une déclaration de perte.

[ジュ ヴドゥレ フェール ユヌ デクララスィオン ドゥ ペルトゥ]

▶ 紛失届を出したいのですが。

A : Est-ce que vous avez pu voir le visage de votre voleur ? Vous a-t-il agressée ?

B : Non, je n'ai pas été agressée. Je ne sais d'ailleurs même pas si j'ai été volée. C'est pour ça que **je voudrais faire** seulement **une déclaration de perte** de mon portefeuille et de mes papiers.

　A：泥棒の顔を見ましたか？ けがをさせられましたか？
　*B：いえ、けがはしていません。それに盗まれたかどうかもわからないので、財布と身分証明書の紛失届だけを出したいのですが。

★ne ... même pas：〜でさえない。
★Je voudrais ...（〜したいのですが）は、相手に自分の希望を丁寧に伝える定番表現。
★déclaration de perte：紛失届。

328 Où est-ce qu'on peut acheter à manger ?

[ウ エス コン ブ アシュテ ア マンジェ]

▶ 食べ物を買える場所はありますか？

A : **Où est-ce qu'on peut** encore **acheter à manger** à cette heure-ci ?

B : J'ai bien peur que tout soit fermé. Vous pouvez toujours tenter votre chance avec la petite supérette au coin en sortant à gauche.

　*A：この時間にまだ食べ物を買えるところはありますか？
　B：どこも閉まっていそうですね。左に出たところの角に小さなコンビニがありますから、そこに行ってみてはどうでしょう。

★acheter à manger は acheter quelque chose à manger（食べるべき何かを買う）のことだが、会話では普通に acheter à manger と言う。donner [apporter, préparer] à manger（食べ物をあげる [持ってくる、準備する]）などとも言える。
★supérette は、正確には小型のスーパーマーケット。小さい店は夜遅くまで開いていることも多いので「コンビニ」のイメージとある程度は重なる。

329 A condition que ce soit toi qui paies !

[ア コンディスィオン ク ス ソワ トワ キ ペ]

▶ **あなたが払うんならね！**

A : Je ne sais pas si vous êtes comme moi mais je reprendrais bien un peu de vin.

B : **A condition que ce soit toi qui paies !** T'es le seul à en boire !

　A : そっちはどうか知らないけれど、僕はもうちょっとワインが飲みたいな。
*B : あなたが払うんならね！　一人で飲んでるでしょ！

★à condition que ＋ 接続法：〜を条件として。que の後は、ce soit 〜 qui ...（…するのは〜だ）という強調構文。

★être le seul [la seule] à ＋ 不定詞：〜する唯一の人だ。

330 Mettez ça sur ma note, s'il vous plaît.

[メテ サ スュル マ ノットゥ スィル ヴ プレ]

▶ **部屋につけてください。**

A : Vous réglez comment ?

B : **Mettez ça sur ma note, s'il vous plaît.**

*A : お支払い方法はいかがなさいますか？
　B : 部屋につけてください。

★note には「注；メモ；（学科の）点数」などいろいろな意味があるが、ここでは「（ホテルの）勘定書」を指す。Mettez ça sur ma note. で「これを私の（部屋の）勘定書につけておいてください」となる。

331 A qui est-ce que je dois m'adresser ?

[ア キ エス ク ジュ ドワ マドレセ]

▶ **どなたに問い合わせをしたらいいですか？**

A : Pardon, mes bagages ne sont pas arrivés, **à qui est-ce que je dois m'adresser ?**

B : Adressez-vous au comptoir là-bas à droite, juste avant la sortie.

　A : あの、荷物が見当たらないのですが、どなたに問い合わせればいいですか？
*B : 右手のあちらのカウンターにお問い合わせください。出口のすぐ手前です。

★bagages：荷物。複数形で使うと、リュックサック、旅行カバンなども含めて荷物全般を指す。「スーツケース」は valise。

★s'adresser à ...：〜に問い合わせる。parler à ...（〜に話す）よりもフォーマル。

146　CHAPITRE 6

332 Où est-ce que je peux récupérer mes bagages ?

[ウ エス ク ジュ プ レキュペレ メ バガージュ]

▶ どこで荷物を引き取れますか？

A : Où est-ce que je peux récupérer mes bagages ?
B : Ça dépend de votre vol. Mais si vous venez de Tokyo, ce sera sur le tapis Nº 4.

　　*A：どこで荷物を引き取れますか？
　　 B：便によりますが、東京からでしたら、4番の手荷物受取場です。

★pouvoirを使うと「～することができますか？」と可能性を含めて尋ねるので、その分丁寧。

★dépendre de ...：～による、～次第だ（⇒ 17 ）。

★tapis は「じゅうたん」。「ベルトコンベアー」を tapis roulant と言うので、「手荷物受取場」にこの表現が使われている。

333 C'est un des endroits les plus branchés de Paris.

[セタン デザンドゥロワ レ プリュ ブランシェ ドゥ パリ]

▶ ここはパリで一番はやりの場所のひとつだよ。

A : J'adore ce café.
B : Tu m'étonnes ! C'est un des endroits les plus branchés de Paris, le rendez-vous de tous les intellos et artistes. Même les plus ratés d'entre eux !

　　*A：このカフェ大好き。
　　 B：そりゃそうでしょ！ ここはパリで一番はやりの場所のひとつで、インテリやアーティストのたまり場なんだから。全然大したことないのまで集まってくるんだよ！

★branché(e)：はやりの。「流行の先端を行っている」というニュアンス。多少スノッブな雰囲気の場合もある。

★Tu m'étonnes.は反語表現で、「驚かないよ、当たり前だ」の意味で使われる（⇒ 25 ）。

CHAPITRE 6

Chapitre 7

ビジネス フレーズ

仕事にまつわる表現のほか、
会議や話し合いなど、ビジネスシーンで
使える表現を集めました。

334 Viré !
[ヴィレ]

▶ クビになった！

A : **Viré !** Avec des indemnités minables ! Après trente ans de service ! Je trouve la pilule amère, pour ne pas dire autre chose.

B : Si ça peut te consoler, c'est ce qui nous pend tous au nez !

> A : クビになった！ こんな少ない補償金で！ 30年も勤めたのに！ やってられないよ、これでも言葉を選んで言ってるんだ。
> *B : 慰めになるかどうかわからないけど、私たちがそうなるのも時間の問題よ。

★viré は、virer（クビにする）の過去分詞で「クビにされた」。話し言葉でよく使う。「解雇する」という意味の一般的な表現としては licencier がある。

★C'est ce qui nous pend tous au nez. の直訳は「それこそが私たち全員の鼻の前にぶらさがっている」。pendre au nez は「悪いことが降りかかる」と言いたいときに使う。

335 Rappelez-moi.
[ラプレ モワ]

▶ リマインドしてください。

A : Au fait, Julien, dans le cas où j'oublierais, **rappelez-moi** d'appeler la compta en fin de matinée.

B : Entendu. J'en profite pour vous rappeler également votre rendez-vous de 11h avec le représentant du personnel.

> *A : ところでジュリアン、もし私が忘れていたら、お昼前に経理に電話することをリマインドしてくれる？
> B : 承知しました。11時に、従業員代表との会議の約束もありますので、忘れないでください。

★dans le cas où ... : 〜の場合には。où の後の動詞は条件法を使う。

★rappeler : 〜を思い出させる。目的語が不定詞の場合は de で導入する。

★compta は comptabilité（会計、経理）のこと。

336 Tout baigne.
[トゥ ベーニュ]

▶ **万事順調。**

A : Ça va comme tu veux en ce moment ?
B : Ecoute, question boulot, j'ai pas à me plaindre, **tout baigne.** Par contre, côté cœur, je peux pas en dire autant. Là, ça coince un peu.

*A : 最近、期待どおりうまくいってる？
 B : そうだね、仕事のことは、文句ないよ、万事順調。でも恋愛面では、それほどかな。ちょっと行き詰まってる。

★baigner は「(水などに)浸る」という意味だが、主語に tout あるいは ça を用いて、「万事順調だ」となる。

★coincer は「(何かを)動かなくさせる」という意味の他動詞だが、Ça coince. は、coincer を自動詞として使ったくだけた表現で、「困難にぶつかっている」という意味になる。

337 Je suis débordé.
[ジュ スュイ デボルデ]

▶ **手がふさがっている／忙しい。**

A : Madame, j'ai le responsable marketing de la Société Cefion en ligne. Je vous transfère l'appel ?
B : Non surtout pas ! **Je suis débordée !** Dites-lui que je rappellerai plus tard.

 A : マダム、ソシエテ・スフィオンのマーケティング部長からお電話です。おつなぎいたしますか？
*B : 今は無理です。手がふさがっているので、後でかけ直すと言ってもらえますか。

★⟨avoir + 人 + en ligne⟩で「～が今電話口にいる」。

★débordé(e): (仕事で)手一杯だ。

★appeler は「呼ぶ；電話をする」だが、rappeler は「電話をかけ直す」の意。「後で」と未来のことなので、単純未来形を使う。

338 Ne quittez pas !

[ヌ キテ パ]

▶ 切らずにお待ちください。

A : Je voudrais parler à Monsieur Langlet, s'il vous plaît, de la part de Stéphanie Bienarmé.

B : **Ne quittez pas !** Je vous mets en relation avec son secrétariat.

　*A : ラングレ氏をお願いいたします。ステファニ・ビエナルメと申します。
　 B : そのままお待ちください。今、秘書課におつなぎいたします。

★de la part de ... : 〜から。de の後に電話をしている人の名前を続ける。電話を受けたときに言う「どちら様ですか？」は C'est de la part de qui ?

★quitter : 離れる。Ne quittez pas. は電話で「お待ちください」と言うときの決まり文句。

339 C'est quasiment fini.

[セ カズィマン フィニ]

▶ ほぼ完成しています。

A : Dites-moi, Durand, votre rapport sur la Société Dugland et Cie est prêt ?

B : Oui, oui, Madame la directrice, à quelques détails près, **c'est quasiment fini.** Je comptais justement vous le remettre demain.

　*A : ところでデュラン、ソシエテ・デュグラン社についての報告書はできていますか？
　 B : はい、部長、いくつかの細かい点を除けば、ほぼ完成しています。ちょうど明日にでもお渡ししようと思っていたところです。

★Cie は compagnie（会社）の略。〈会社の名前 + et Cie〉で表示する。

★社内で上司に呼びかけるときは、〈Madame la [Monsieur le] + 役職名〉を使う。

★à ... près : 〜を除けば。

★quelques は「いくつか」だが、数が少ないと見込まれるときに使う。多いと見込まれるときは plusieurs。

340 Elle fera l'affaire.
[エル フラ ラフェール]
CHECK✓
▶ **彼女は適任です。**

A : C'est un poste à responsabilités. Vous pensez qu'**elle fera l'affaire** ?
B : J'en suis convaincue. Elle est au top niveau.

　A：これは責任を伴うポストなのですが、彼女はこの仕事にふさわしいと思いますか？
＊B：確実に大丈夫です。彼女はトップレベルの人です。

★faire l'affaire：適切である、ふさわしい。この場面のように、「ある仕事に適任である」という意味でよく使われる。ほかに、「(ものが) 役に立つ」という意味もある。
★niveau：レベル、水準。

341 Je repasserai plus tard.
[ジュ ルパスレ プリュ タール]
CHECK✓
▶ **また後で寄ります。**

A : Non malheureusement, le responsable du SAV n'est pas encore arrivé.
B : C'est pas grave. **Je repasserai plus tard.**

＊A：あいにく、アフターサービス係の責任者はまだ来ていないのです。
　B：大丈夫です。また後で寄ります。

★SAVは service après-vente (販売後のサービス) の略。
★C'est pas grave. は「重大ではない」→「大丈夫だ」(⇒ 39)。
★repasser：再び寄る。「後で寄ります」と言う場合、単純未来形を使うのが自然。

342 C'est ça ou rien !
[セ サ ウ リアン]
CHECK✓
▶ **選択の余地はない。**

A : Le poste m'intéresse mais j'avoue que les horaires...
B : Ecoutez, **c'est ça ou rien !** J'ai des tas d'autres candidats qui sont prêts à se satisfaire de ces conditions ! Alors, décidez-vous !

　A：このポストに関心はあるのですが、正直、勤務時間が…
＊B：いいですか、選択の余地はありませんよ。この条件で働きたいっていう応募者はほかに山のようにいるんです。決めてください。

★C'est ça ou rien. は直訳すると「それか、そうでないなら、なし」で、「ほかに選択肢はない」と伝える言い方。

CHAPITRE 7

343 C'est bien joli mais...
[セ ビアン ジョリ メ]
▶ **それは結構ですが…**

A : Vous pouvez pas savoir comme on a rigolé !
B : Ecoutez, **c'est bien joli mais** je vous signale que nous sommes en réunion.

　A : 本当に面白かったんです、ありえないくらいですよ。
　*B : いいですか、それは結構ですが、今は会議中だとわかっていますよね。

★comme はここでは間接疑問文を作り、「どんなに〜」と驚嘆を表す。
★rigoler はくだけた表現で「笑う」。
★C'est bien joli mais... は「それは確かにいいけれど」と、相手の言っていることを一応受け止めた上で、「しかし」と言いたいことを切り出す表現。

344 C'est pas une raison !
[セ パ ユヌ レゾン]
▶ **理由になってない！**

A : Si j'ai viré Legland, c'est pour la simple raison que son attitude un peu trop cool nuit quelquefois à notre image de marque. Ça n'a rien de personnel.
B : Mais enfin, **c'est pas une raison !**

　*A : ルグランをクビにしたのは、彼の少しリラックスしすぎた態度が、時にブランドのイメージを損なうことがあったからであって、全く個人的な理由ではありません。
　B : でもそれは、理由になってない！

★C'est pour la raison que ...： それは〜が理由である。純粋に理由を述べる表現。
★C'est pas une raison. (それは理由ではない) は、「それは理屈が通らない」と反論する表現。

345 Revenons à nos moutons.
[ルヴノン ア ノ ムトン]
▶ 本題に戻ろう。

A : On a eu un temps pourri, cet été. La prochaine fois, ma femme et moi, on…
B : Monsieur Leroy, vos histoires sont passionnantes mais **revenons à nos moutons,** parce que si chacun y va de sa petite histoire personnelle, on ne s'en sortira pas !

 A : この夏は本当にひどい天気でしたね。次の機会には、妻と私は…
*B : ルロワさん、お話は面白いですが、本題に戻りましょう。みんなが自分の話を持ち出したら、終わらなくなるので。

★Revenons à nos moutons. の直訳は「私たちの羊に戻ろう」。中世劇のセリフが元だが、今でも「本題に戻ろう」というときに使われる、一種のことわざ。
★y aller de ... : 〜を持ち出す。くだけた表現。

346 à ce que je sache
[ア スク ジュ サシュ]
▶ 私の知る限りでは

A : On ne sait pas ce qui lui a pris, mais Julien a quitté la réunion en plein milieu en claquant la porte et en disant qu'il fallait plus compter sur lui.
B : Vous vous en remettrez. C'est pas une grosse perte, non ? **A ce que je sache**, il ralentissait vos travaux plutôt qu'autre chose.

*A : どうしたんでしょう。ジュリアンが会議の真っ最中に、もう僕のことは当てにするなって言って、ドアをばたんと閉めて出ていったんですよ。
 B : 大丈夫ですよ。それほどの痛手ではないんじゃないですか？ 彼のせいで、とりわけあなたが関わっている仕事が遅れがちになっていたと聞いていますが。

★compter sur ... : 〜を当てにする。
★se remettre de ... : 〜から回復する。ここでは vous に対する単純未来形で、「落ち着きを取り戻せますよ」というニュアンス。
★à ce que je sache : 私の知る限りにおいては。sache は savoir（知る）の接続法。

347 Qu'est-ce que ça donne ?
[ケスクサドヌ]
▶ 成果はどう？

A : Alors, **qu'est-ce que ça donne** tes recherches **?**
B : Pour l'instant, ça donne pas grand-chose pour ne pas dire rien.

   *A : それで、研究のほうはどうなった？
    B : 今のところ、大した結果が出てないどころか、むしろゼロ。

★donner は「与える」という意味が基本だが、「(成果・結果を) 生む」という意味でも使われる。「どうなった？」と尋ねる場合は Qu'est-ce que ça donne ? と言う。ここでの ça (それ) は、文の最後の recherches を指す。

★「大した成果はない (pas grand-chose)」と言ったが、それは「なしとは言わないため (pour ne pas dire rien)」。つまり、実際の成果はゼロ (rien) ということ。

348 Le directeur est en réunion.
[ル ディレクトゥール エタン レユニオン]
▶ 部長は会議中です。

A : Non Monsieur, vous ne pouvez pas entrer. **Le directeur est en pleine réunion.**
B : Je sais, je sais ! Mais, c'est super important. Je dois absolument le voir.

   *A : 無理です、お入りになることはできません。部長は会議の最中です。
    B : 知ってます！ でもとても重要なんです。絶対会わないとだめなんです。

★directeur は「ある組織・部署の長に当たる人」。「部長、所長、校長 (directeur d'école)」などを指す。「社長」は PDG (président-directeur général の略) と言う。

★「会議中」は en réunion.「真っ最中」ならば en pleine réunion.

349 Tu as eu mon message ?
[テュ ア ユ モン メサージュ]
▶ メッセージ受け取った？

A : **Tu as eu mon message**, ce matin ?
B : Oui, oui mais je suis désolée, j'ai vraiment pas eu le temps de m'occuper de ton problème.

   A : 今朝、僕のメッセージ受け取った？
   *B : うん、ごめん。あなたの言ってた問題に取りかかる時間が本当になくて。

★「メッセージを受け取る」と言うときの動詞には、recevoir のほか、会話では avoir (ここでは複合過去形の tu as eu) がよく使われる。例えば「電話があった」も J'ai eu un coup de téléphone. とよく言う。

★s'occuper de ... : ～に関わる。de 以下が人の場合、「～の世話をする」の意。

350 Je peux caler un rendez-vous.
[ジュ プ カレ アン ランデヴ]
▶ アポイントを設定できます。

A : Je peux passer vite fait ? C'est à propos de l'investissement dont tu m'as parlé l'autre fois.
B : Ouais… je suis un peu débordé mais **je peux caler un rendez-vous** entre 16h30 et 17h. Ça te va ?

*A : そっちに軽く顔出してもいい？ 先日話していた投資の件だけど。
 B : えっと、今ちょっと忙しいから、16時30分から17時の間にアポイントを設定できるけど、どう？

★vite fait : 今すぐ、手短かに。
★rendez-vous は「待ち合わせ、会合、（医者などの）予約」など幅広く使う。fixer [caler] un rendez-vous で「会う約束を決める」。動詞は caler（固定する）を使うほうがより口語的。

351 Je serai à la hauteur.
[ジュ スレ ア ラ オトゥール]
▶ この任に励むようにいたします。

A : Je sais que cette mission s'annonce délicate, mais j'ai toute confiance en vous. Faites pour le mieux.
B : Vous pouvez compter sur moi, Madame. **Je serai à la hauteur.**

*A : この職務はかなり難しいものだと思っていますが、全幅の信頼を置いていますから、最善を尽くしてがんばってください。
 B : ご信頼ください。この任に励むようにいたします。

★avoir confiance en … : 〜を信頼する。
★pour le mieux : できる限り。
★compter sur … : 〜を当てにする。
★être à la hauteur は「その高さにある」→「（ある仕事をするのに）有能である、任に応える」という意味で使う。

CHAPITRE 7

352 Je suis à temps plein.
[ジュ スュイ ア タン プラン]
▶ フルタイムで働いています。

A : Depuis que **je suis à temps plein,** j'ai plus le temps de rien !
B : Ecoute, tu peux pas tout avoir ! Quand t'étais à temps partiel, tu te plaignais que tu gagnais rien.

*A：フルタイムで働きだしてから、何にもする時間がないよ！
B：ねえ、一挙両得とはいかないよ。だってパートのときは、稼ぎがないってこぼしてたでしょ。

★temps plein（あるいは plein temps）は「フルタイム」。「パートタイム」は temps partiel と言う。

★se plaindre que ...：〜を嘆く、不満を言う。que の後は、事実であれば接続法ではなく直説法を用いる。

353 J'aimerais bien avoir une augmentation.
[ジェムレ ビアン アヴォワール ユノグマンタスィオン]
▶ 給料を上げてほしいなあ。

A : **J'aimerais bien avoir une augmentation,** mais j'avoue que j'ai du mal à en parler au directeur.
B : Tu veux que je lui en touche un mot ? Je dois déjeuner avec lui, aujourd'hui.

A：給料を上げてほしいんだけど、そんなこと上司には言いにくいなあ。
*B：上司に少し話してみようか？ 今日一緒に昼食を取ることになってるから。

★J'aimerais bien ... は願望を表すが、条件法なので、同時に「その願望はかなえられないかも」という気持ちがある。

★augmentation：増加。「賃上げ」の意味でも使う。

★Tu veux que je ...？（私に〜してほしいですか？）は「〜してあげようか？」という申し出の表現。que の後の動詞は接続法。

★toucher un mot à + 人 + de ...：人に〜について簡単に話す。

354 On bosse comme des malades.
[オン ボス コム デ マラッドゥ]
▶ 必死で働いてるのに。

A : **On bosse comme des malades** et on est payés trois fois rien !
B : C'est vrai, c'est pas génial mais c'est déjà quelque chose ! Pense à tous ceux qui voudraient bien être à notre place.

*A : 必死になって働いても、稼ぎはわずか！
 B : 確かに、やってられないよ。でもないよりはまし！ こんな仕事でも就きたいと思っている人がたくさんいるわけだし。

★bosser：働く。travaillerのくだけた表現。

★comme des malades（病人のように）は、努力の限界までがんばる様子を指して使う。

★trois fois rienは直訳では「3倍何もない」だが、「わずかなお金」という意味で使われる (⇒ 325)。

★C'est déjà quelque chose.は「それはすでに何かだ」→「それだけでもなかなかのものだ」という意味。

355 Je démissionne de ma boîte.
[ジュ デミスィオンヌ ドゥ マ ボワットゥ]
▶ 会社をやめることにした。

A : **Je démissionne de ma boîte** parce qu'on m'avait promis un autre poste ailleurs. Au final, ça se fait pas. Résultat des courses, je me retrouve le bec dans l'eau !
B : D'accord, t'es dans une mauvaise passe, mais avec ton expérience, je me fais pas trop de souci pour toi.

 A : 会社やめることにしたよ。ほかで別のポストを用意するって言われてたのに、最終的には、なしになったんだ。結局、何にもならないんだよ。
*B : なるほど、ついてないね。でも経験があるんだし、そんなに心配してないよ。

★boîte（箱）は、くだけた会話で「職場、会社」の意味を表す。

★au final：最終的に。finalementとも言える。

★se retrouver le bec dans l'eauの直訳は「くちばしを水の中に付けた状態でいる」。「何も得るものがない状態である」という意味で使われる。

★être dans une mauvaise passe：ついていない、何事もうまくいかない。

★se faire du souci：心配する (= s'inquiéter)。直訳は「自分の中に心配を作る」。ここではduの代わりにtrop de ...（あまりにも多い〜）を使い、それを否定して「それほど〜ない」となる。

356 C'était ça ou la porte.
[セテ サ ウ ラ ポルトゥ]

CHECK✓

▶ そうしなければ、クビだった。

A : Jean-Philippe est muté ? Mais, comment la direction s'y est-elle prise pour lui faire avaler la pilule ?
B : A mon avis il a pas eu trop le choix. **C'était ça ou la porte.**

　A : ジャン＝フィリップが異動？ でも、上層部はどうやってそんな嫌な条件を飲ませたんだろう？
＊B : 選択肢があまりなかったんだと思うけど。受け入れるか、クビかだったんでしょ。

★avaler la pilule で「錠剤を飲み込む」→「嫌なことを我慢する」。ここでは使役の faire を使っているので「我慢させる」。avaler の代わりに passer も使える。

★porte（ドア）は「ドアの外へ追い出すこと」を指し、「解雇」の意味になる。

357 Jeté comme une vieille chaussette.
[ジュテ コミュヌ ヴィエイユ ショセットゥ]

CHECK✓

▶ お払い箱にされた。

A : Remercié comme ça, du jour au lendemain ! **Jeté comme une vieille chaussette,** après trente ans de bons et loyaux services.
B : Fallait s'y attendre ! Qui s'intéresse encore aux papeteries de nos jours ?

　A : こんなふうに突然、解雇されるなんて！ 30年もきちんと忠実に働いてきたのに、お払い箱にされるなんて。
＊B : 覚悟しておくべきだったね。今の時代、文房具屋に誰が興味を持ってくれるって言うの？

★remercier には「感謝する」のほかに「解雇する」という意味がある。ここでは過去分詞を使って「解雇された」。

★du jour au lendemain は「その日から翌日へ」だが、「突然」という意味の熟語（⇒ 406 ）。

★jeté(e) comme une vieille chaussette の直訳は「古い靴下のように捨てられた」。

358 C'est ni fait, ni à faire !
[セ ニ フェ ニ ア フェール]
▶ **ずさんな仕事だ！**

A : On peut vraiment rien demander à Sylvie ! Regarde-moi ça, ces photocopies ! **C'est ni fait, ni à faire !**
B : Moi, ça fait belle lurette que je lui demande plus rien ! Elle a un pois chiche dans la tête, c'est tout ! Qu'est-ce qu'on peut y faire ?

　A：シルヴィには何頼んでもだめだね！ 見てよ、このコピー！ 本当にいい加減だ！
＊B：私はもうだいぶ前から彼女に頼むのはやめてるよ！ 彼女、本当に頭の中がからっぽ、それに尽きるよ。どうしようもないでしょ？

★C'est ni fait, ni à faire. の直訳は「それはなされていないし、なされることもない」。つまり、「きちんとされていない、ずさんだ」という意味。
★Ça fait belle lurette que ... は「～してずいぶん経つ」というくだけた表現。
★avoir un pois chiche dans la tête（頭の中にひよこ豆がひとつある）は、「頭の中がからっぽだ、頭が悪い」という熟語表現。pois chiche の代わりに petits pois（グリーンピース）が使われることもある。

359 Tu as fait une bonne affaire ?
[テュ ア フェ ユヌ ボンナフェール]
▶ **いい取引になった？**

A : **Tu as fait une bonne affaire** en revendant ta maison ?
B : Non, on a revendu à perte. Tu sais, avec la crise, c'est pas évident. Et encore, je trouve qu'on s'en est bien sortis.

＊A：家を売って、利益はあった？
　B：いや、売れたと言っても、もとの値段以下だったよ。経済が低迷してるから、見通しが立たないよね。でもまだ、何とかなったほうだと思うよ。

★affaire：取引。faire une bonne affaire で「いい取引をする、得をする」。
★vendre ... à perte で「～を損をして売る」。ここでは一度購入したものを売るので、revendre と re- を付けている。
★et encore：でもまだ。その前に言ったことを少し訂正して、別の意見を述べるときに使う。
★s'en sortir：難しい状況を抜け出す（⇒ 224 ）。

360 Tu te fais combien par mois ?

[テュ トゥ フェ コンビアン パル モワ]

▶ 月にいくら稼いでるの？

A : Sans être indiscret, **tu te fais combien par mois ?**
B : Mais, ça te regarde pas ! En plus ça se fait pas de demander ça !

 A : 率直に聞くけど、月にいくら稼いでるの？
 *B : そんなの、あなたに関係ない。それに、そういうことって尋ねるものじゃないでしょ！

★indiscret(ète)：慎みのない、無遠慮な。sans être indiscret(ète) は、「失礼ですが」と、相手に個人的な質問をする際に使われる前置き表現。もう少し丁寧にするなら、sans vouloir être indiscret(ète) と言う。sans indiscrétion という言い方もある。

★se faire：手に入れる。combien は値段を聞くので、Tu te fais combien ? で収入を尋ねるときのくだけた言い方になる。一般的には gagner を使う。

★regarder：眺める；関係する。Ça te regarde pas ! で「それはあなたに関係していない」という意味。

★Ça se fait.：（常識や慣習に照らして）そうしてもよい。否定文で使われることが多い。

361 J'en ai pas la moindre idée.

[ジャンネ パ ラ モワンドゥリデ]

▶ 全く考えがありません。

A : Les évolutions que vous proposez sont plus que souhaitables, mais il n'en reste pas moins que ça risque de coûter fort cher. Où allons-nous trouver cet argent ?
B : **J'en ai pas** encore **la moindre idée** mais nous n'avons pas le choix.

 A : 出してくれた事業展開案は、非常に望ましいが、ただ非常にお金がかかる可能性があるね。お金の目処はどうつけられるだろうか？
 *B : それについてはまだ考えは全くありません。しかし、ほかの選択肢はないと思うのです。

★〈plus que + 形容詞〉で「極めて〜だ」。souhaitable は「望ましい」。書き言葉で使われるようなフォーマルな一文。

★Il n'en reste pas moins que ...：それでもやはり〜だ。前言に留保を付ける場合のフォーマルな表現。

★J'en ai pas la moindre idée. は「それについて最も少ない考え (la moindre idée) さえもない」と強調した表現。

362 Vous êtes l'homme de la situation.
[ヴゼトゥ ロム ドゥ ラ スィテュアスィオン]
▶ あなたならこの状況を解決してくれる。

A : Je vous remercie de la confiance que vous m'accordez, mais je ne suis pas sûr de…
B : Oui, je sais ce que vous allez me dire, que ce n'est pas votre domaine, mais quelque chose me dit que **vous êtes l'homme de la situation.**

　A : 信頼いただきありがとうございます。ただ、できるかどうか…
　*B : 言いたいことはわかりますよ。確かにあなたの専門分野ではありません。しかし、あなたならこの状況を解決してくれる気がするんです。

★accorder confiance à + 人：〜を信頼する。accorder は改まったニュアンスがあり、一般的には faire が使われる。
★l'homme de la situation（状況の人）とは、ちょうどよいタイミングで難しい状況を解決してくれる人のこと。

363 C'est le moins qu'on puisse dire.
[セ ル モワン コン ピュイス ディール]
▶ それは確かだ。

A : Son projet n'est pas très cohérent.
B : **C'est le moins qu'on puisse dire.** Ça ne marchera jamais à moins d'une chance incroyable ou d'investir des millions et des millions d'euros.

　A : 彼のプロジェクトにはあまり一貫性がないよね。
　*B : 確かにね。信じられないくらい運がいいか、数百億ユーロをつぎ込まない限り、うまくいかないでしょう。

★C'est le moins qu'on puisse dire. の直訳は「それは言いうるうちで最低限のことだ」。批判をするときに、その批判が的を得ていることを強調するための表現。
★à moins de …：〜がない限り。否定の条件を表す。

364 Vous avez fait du bon boulot !

[ヴザヴェ フェ デュ ボン ブロ]

▶ **いい仕事をしたね！**

A : Bravo ! **Vous avez fait du bon boulot !** Tout est prêt. C'est incroyable !
B : Ben, on a travaillé comme des malades toute la nuit pour finir à temps !

　＊A：ブラボー！　いい仕事をしたね！　もう準備万端。信じられない！
　　B：間に合うように、一晩中必死になって仕事しました！

★boulot は「仕事（= travail）」の意味のくだけた表現。ここでは「ある量の仕事」と考えて部分冠詞を使っている。

★comme des malades：必死で。直訳は「病人のように」（⇒ 354 ）。

365 Il est bête comme ses pieds.

[イレ ベトゥ コム セ ピエ]

▶ **彼は無能だ。**

A : Là, je crois que tu l'as bien remis à sa place.
B : Ben oui. C'est pas parce que c'est notre supérieur hiérarchique qu'on doit se laisser marcher sur les pieds. En plus, **il est bête comme ses pieds.**

　　A：上司のことしっかりたしなめたんでしょ。
　＊B：もちろん、上司だからって言いなりになっててはだめ。それに、あの人無能でしょ。

★〈remettre ＋ 人 ＋ à sa place〉は「～をしかるべき地位に戻す」→「身の程をわきまえさせる」。

★se laisser marcher sur les pieds は「足を踏まれるままである」→「言いなりになる」。

★être bête comme ses pieds の直訳は「自分の足のようにばかだ」。フランス語の「～のように…だ」という比喩表現は、喩え方が日本語とかなり異なる。

366 Je serai de retour dans une heure.

[ジュ スレ ドゥ ルトゥール ダンズュヌール]

▶ 1 時間後に戻ります。

A : Vous sortez ?

B : Oui, un imprévu. Si le grand patron m'appelle entre temps, dites-lui que **je serai de retour dans une heure** tout au plus.

*A : 外出ですか？
B : ああ、急用ができてね。もし留守の間に社長から電話があったら、遅くとも1時間で戻ると伝えてくれるかな。

★grand patron は、CAC40と呼ばれるパリ証券取引所の銘柄の大企業の社長。
★être de retour: 帰ってくる。
★tout au plus: 最も多く見積もっても。

367 Tu voudrais nous quitter pour la concurrence ?

[テュ ヴドゥレ ヌ キテ プル ラ コンキュランス]

▶ ライバル社に転職するの？

A : D'après Julien, il paraît que **tu voudrais nous quitter pour la concurrence** ?

B : Mais tu crois encore ce que dit Julien ! T'as pas encore compris qu'il passe le plus clair de son temps à raconter n'importe quoi.

A : ジュリアンから聞いたんだけど、ここを離れて、ライバル会社に行くんだって？
*B : まだジュリアンの言うことなんか信じてるの？ あの人、ほとんどいい加減なことしか言わないのに、わかってないなあ。

★concurrence: 競争。特に「商売上の競争相手」を指すことが多い。
★le plus clair de ...: 〜の大部分。
★n'importe quoi: でたらめ、むちゃくちゃなこと (⇒ 82)。

368 La reprise n'est toujours pas au rendez-vous.

[ラ ルプリーズ ネ トゥジュール パゾ ランデヴ]

▶ 経済は一向に回復する気配はない。

A : C'est inquiétant. Malgré toutes les déclarations du gouvernement, **la reprise n'est toujours pas au rendez-vous.**
B : Et elle n'y sera jamais plus. Nous avons atteint les limites d'un modèle économique fondé sur une croissance sans fin.

　A : 心配だね。政府はいろいろ言ってるけど、経済は一向に回復する気配はないよ。
＊B : もう無理じゃないかな。無限に成長し続けるっていう経済モデルはもう限界に達したと思うよ。

★ne + 動詞 + toujours pas: 相変わらず〜ない。

★être au rendez-vous は「（予期していたことが）起きる」ときに使う。否定で「未だに実現していない」となる。

369 Je vous propose de mettre un terme à cette réunion.

[ジュ ヴ プロポーズ ドゥ メトゥル アン テルム ア セトゥ レユニオン]

▶ 会議は終わりにしようか。

A : Alors, que décidons-nous à propos de ce projet de fusion avec notre concurrent direct ?
B : Il se fait tard. **Je vous propose de mettre un terme à cette réunion** et de reprendre nos débats demain, à tête reposée.

＊A : では、ライバル会社との合併計画についてはどのような決定をいたしますか？
　B : もう遅くなってきたね。会議は終わりにして、明日また、十分に休んだ上で、すっきりした頭で議論しよう。

★concurrent direct（直接のライバル会社）は「同業種のライバル会社」のこと。

★〈Il se fait + 名詞・副詞〉で「〜になる」。il は非人称。

★proposer à + 人 + de + 不定詞：人に〜することを提案する。

★mettre un terme à ... で「〜に終止符を打つ」→「〜をやめる」。

★à tête reposée: よく休んだ上で、すっきりした頭で。

CHAPITRE 7

Chapitre 8

恋愛フレーズ

恋人同士のラブラブな会話や、
友だちとの恋愛トークを盛り上げる表現が学べます。
相手への想いを伝える情熱的なセリフのほか、
ちょっと冷たいひとことも。

370 chéri
[シェリ]

▶ ねえ／あなた

A : **Chéri**, tu peux venir me donner un coup de main pour la cuisine ?
B : Mais enfin, je peux pas être partout à la fois. Je suis déjà en train de nettoyer les toilettes.

*A : ねえ、ちょっと料理するの手伝ってくれる？
B : あのねえ、一度に複数のことはできないよ。今トイレ掃除してるんだしさあ。

★chéri(e)：ねえ。夫や妻に対する呼びかけの言葉。子どもには、mon chéri, ma chérie と所有形容詞を付けて使われる。最も一般的なのが chéri(e) だが、ほかにくだけた表現では、男性に対しては mon poulet（私の鶏）、mon nounours（私のぬいぐるみの熊ちゃん）、女性に対しては ma biche（私の牝鹿）、ma puce（私のノミ）などがある。

★un coup de main は「手助け」。un coup de ... は「～の素早い動き」という意味で、様々な表現を作る（⇒ 287 ）。

★partout：至る所に。Je (ne) peux pas être partout à la fois. の直訳は「あらゆる場所に同時にいることはできない」。「手が何本もあるわけではない」というニュアンスで使う。

371 Je te raccompagne.
[ジュ トゥ ラコンパーニュ]

▶ 送って行くよ。

A : Bon, **je te raccompagne.** Avec le métro, à cette heure-ci, on sait jamais ! Je suis pas tranquille.
B : Arrête de te faire des films ! Il m'est jamais rien arrivé ! A moins que tu aies une idée derrière la tête ?

A : じゃあ、送って行くよ。この時間の地下鉄は、何があるかわからないし！ 心配だよ。
*B : 勝手な妄想はやめたら。今まで何も起きたことなんてないし！ そっちに何か考えがあるんじゃないの？

★単に一緒に行く場合は accompagner を使うが、帰る人に付き添う場合は raccompagner.
★se faire des films：幻想を抱く。直訳は「自分の中に映画を作る」。
★à moins que ...：～なら別だが。que の後の動詞は接続法。
★avoir une idée derrière la tête：何か考えがある、下心がある。

372 J'aime tes yeux.
[ジェム テズィウ]
▶ 君の瞳が好きだ。

A : Pourquoi tu me regardes comme ça ?
B : Parce que **j'aime tes yeux.** Mais en réalité, je préfère les miens car sans eux je ne pourrais pas voir les tiens.

　　*A : なんでそんなふうに私のこと、見るの？
　　 B : 君の瞳が好きだからだよ。いや、本当は自分の瞳が好き。だってこの瞳がないと君の瞳を見られないだろ。

★les miens は所有代名詞で、mes yeux の代わり。

★〈sans + 名詞〉は「もし～がなければ」と条件を表すことがある。sans eux の eux は les miens を指す。

373 T'oublier, c'est impossible !
[トゥブリエ セタンポッスィブル]
▶ 君を忘れるなんて、不可能！

A : Tu crois que tu me quitteras un jour ?
B : Je ne suis pas devin. Tout ce que je sais c'est que t'aimer c'est facile, te le dire c'est plus difficile et **t'oublier, c'est impossible !**

　　*A : いつか私から離れていくの？
　　 B : それはわからない。わかっているのは、君を愛することは簡単で、でもそれを伝えるのはちょっと難しいし、君を忘れるなんて不可能だってこと！

★ne pas être devin: そんなことはわからない。devin(eresse) は「占い師」。

★« T'aimer c'est facile, te le dire c'est plus difficile et t'oublier, c'est impossible. » は、フランスで格言のようによく使われる、恋愛の決まり文句。

374 Tu penses à moi ?
[テュ パンス ア モワ]
▶ 私のこと想ってくれてる？

A : **Tu penses** souvent **à moi** ?
B : Non. Seulement le matin en me levant, le problème c'est que ça dure toute la journée et la nuit qui suit.

　　*A : 私のこと、しょっちゅう想ってくれてる？
　　 B : ううん。ただ、朝起きるときは想うけどね。でも問題は、その想いがずっと、日中も夜も続くことなんだ。

★penser à + 人: ～に想いをはせる。penser à ... では、人称代名詞（この場合は me）を使わず、à の後に代名詞の強勢形を続けるので、à moi となる。

375 Tu sors avec lui ?
[テュ ソール アヴェク リュイ]
▶ 彼と付き合ってるの？

A : **Tu sors** encore **avec lui ?**
B : Oh non ! C'est de l'histoire ancienne et moins on parle de lui, mieux je me porte. OK ?

　A：彼とまだ付き合ってるの？
*B：まさか！ それは過去の話よ。彼の名前を聞かずにすめば、それだけ気分も楽。わかった？

★sortir avec + 人：～と一緒に外出する；～と付き合っている。

★moins ..., mieux ～ で「…することが少なくなれば、より～することが多い」と反比例の関係を伝える。

376 Je me suis fait jeter !
[ジュ ム スュイ フェ ジュテ]
▶ ふられた！

A : Ça s'est passé comme tu voulais avec Sophie ?
B : Tu parles ! **Je me suis fait jeter !** La honte !

*A：ソフィーとはうまくいった？
　B：何言ってんだよ！ 捨てられたよ！ 恥ずかしいよ！

★Tu parles !: 何言ってるんだ、よく言うよ (⇒ 22)。

★〈se faire + 不定詞〉で「～される」と受け身の意味になる。jeter は「投げる」だが、se faire jeter は、決まり文句で「ふられる、捨てられる」。

377 Tout est fini entre nous !
[トゥッテ フィニ アントゥル ヌ]
▶ もう私たちは終わったの！

A : Je t'ai déjà dit d'arrêter de m'appeler. **Tout est fini entre nous !**
B : Ecoute, tu peux demander au vent d'arrêter de souffler, à la Terre d'arrêter de tourner, mais ne me demande pas d'arrêter de t'aimer.

*A：私に電話してこないでって言ったでしょ。もう私たちは終わったの！
　B：ねえ、風よ吹くなとか、地球よ止まれとか言ってもいいけど、僕に、君を愛することをやめろだなんて言わないでくれ。

★Tout est fini entre nous. は「全てが私たちの間では終わっている」。

★tu peux ～, mais ... は「たとえ～してもかまわない。でも…」というニュアンス。

378 C'est mieux qu'on se quitte.
[セ ミィウ コン ス キットゥ]
▶ お互い別れたほうがいい。

A : Désolée mais entre nous, ça peut pas marcher. **C'est mieux qu'on se quitte !**
B : Oh non ! Tu n'as pas le droit de me faire ça ! Qu'est-ce que je vais devenir ?

　*A : ごめんなさい。でも私たちの仲は、うまくいかない。お互い別れたほうがいい！
　　B : そんな、いやだ！ そんなの許さない！ 僕はどうなるんだ！

★marcher は「歩く」のほか、「うまくいく」の意味でもよく使われる。
★se quitter は代名動詞の相互的用法で「(お互いに)別れる」。双方が別れようと決めるということ。他動詞 quitter を使うと、「一方的に別れる、捨てる」のニュアンスが強い。
★avoir le droit de + 不定詞：〜する権利がある。「権利」と言うとかたい感じがするが、要は「〜することが許されている、認められている」ということ。日常会話でもよく使われる。

379 Je me sens tout chose.
[ジュ ム サン トゥ ショーズ]
▶ 何だかどきどきする。

A : C'est bizarre mais chaque fois que je vois ton nom apparaître sur mon portable, ça me fait quelque chose.
B : Moi aussi, c'est pareil. Dès que je suis avec toi, **je me sens tout chose.**

　*A : おかしいの、いつも携帯にあなたの名前が出ると、何だか気持ちが落ち着かなくて。
　　B : 僕も同じだよ。君と一緒にいるだけで、何か不思議な気分になるんだ。

★faire quelque chose à + 人：〜の心を動かす、〜を感動させる。直訳は「〜に何かを生じさせる」(⇒ 121)。
★dès que ...：〜するやいなや。
★se sentir tout chose：変な気分になる。「どぎまぎする、どきどきする」というニュアンスで使われる。chose はここでは形容詞。

CHAPITRE 8

380 Je t'aime comme tu es.
[ジュ テム コム テュ エ]
▶ **ありのままの君が好きなんだ。**

A : C'est incroyable ! Tu n'es même pas capable de me dire si cette robe m'amincit ou me grossit !
B : C'est parce que **je t'aime comme tu es.** Le reste n'a pas d'importance.

*A : 信じられない。この服を着ると、私がやせて見えるか、太って見えるか、そんなことさえわからないの？
 B : だって、あるがままの君が好きなんだ。あとはどうだっていいよ。

★amincir（薄くする）、grossir（太らせる）はそれぞれ形容詞 mince, gros(se) の動詞形。形容詞から動詞を作るときは、原則として -ir 動詞にする。

★comme tu es の直訳は「あなたがあるように」。

381 Pourquoi ne pas vivre ensemble ?
[プルクワ ヌ パ ヴィヴル アンサンブル]
▶ **一緒に暮らさない？**

A : Puisqu'on s'aime, **pourquoi ne pas vivre ensemble ?**
B : Mais, on ne se connaît que depuis six mois. Tu crois que ça va tenir ?

 A : 僕たち愛し合ってるんだから、一緒に暮らそうって思わない？
*B : でもまだ付き合って 6 か月なのに。うまくいくと思うの？

★〈Pourquoi ne pas + 不定詞 ?〉で「なぜ～しないの？」という意味だが、「～してもいいんじゃない？」と提案する際に使われる。

★se connaître：知り合いになる。「お互いがお互いを知る」ので、代名動詞を使う。ここでは「付き合う」の意味。

382 Je ne veux plus te revoir !
[ジュ ヌ ヴ プリュ トゥ ルヴォワール]
▶ **もう会いたくない。**

A : Laisse-moi encore une dernière chance !
B : Non ! Inutile d'insister, **je ne veux plus te revoir !**

 A : 最後のチャンスをくれ！
*B : だめ！ 何を言っても無駄、もう会いたくない。

★laisser：～を残す；～のままにしておく。Laisse-moi ... で「私に～を残しておいてくれ」。

★insister は「強調する」という意味だが、そこから「何度もくどくど言う」という意味になる。

383 J'ai des doutes sur tes sentiments.
[ジェ デ ドゥトゥ スュル テ サンティマン]
▶ あなたの気持ちを疑いたくなる。

A : **J'ai des doutes sur tes sentiments.** Qu'est-ce que tu éprouves pour moi, tu ne dis jamais rien !
B : Si tu pouvais lire dans mes pensées, tu ne te poserais plus la question.

　A : 君の気持ちを疑いたくなる。だって、僕のことどう思っているか、一言も言ってくれないじゃないか！
＊B : もし私の心の中が読めたら、そんなこと、言わなくなると思うけどね。

★avoir des doutes sur ... : 〜に疑いを抱く。
★sentiment（感情）は、複数形で「恋愛感情」の意味で使われることがある。

384 Elle va succomber à tes charmes ?
[エル ヴァ スュコンベ ア テ シャルム]
▶ 彼女、あなたの魅力に落ちそう？

A : Tu crois qu'au final, **elle va succomber à tes charmes** ?
B : Quelle question ! Evidemment ! Elle résiste mais ce n'est plus qu'une question de temps car elle est déjà... séduite.

＊A : そろそろ彼女、あなたの魅力に落ちそう？
　B : 何聞いてんだ！ 当たり前だろ！ まだうんと言ってくれないけど、もう時間の問題だ。もう実は魅了されているんだよ。

★au final : 最終的に。finalement とも言える。
★succomber à ... : （誘惑などに）屈する。

385 Ils sont faits l'un pour l'autre.
[イル ソン フェ ラン プル ロートゥル]
▶ 最高にお似合いの二人だ。

A : Tu crois qu'**ils sont faits l'un pour l'autre** ?
B : Tu parles ! Ça va pas durer. Je leur donne pas un mois pour casser.

　A : 彼らはお似合いだと思う？
＊B : 何言ってるの！ 長続きしないよ。別れるまで1か月もないと見た。

★Ils sont faits l'un pour l'autre. は「お互いがお互いのために作られている」→「お似合いだ、ぴったりだ」。Ils sont nés l'un pour l'autre.（お互いがお互いのために生まれてきた）とも言う。
★Tu parles ! : とんでもない、何言ってるんだか！（⇒ 22 ）。

386 Ne t'attache pas trop à moi !

[ヌ タタッシュ パ トゥロ ア モワ]

▶ 私のこと、そんなに好きにならないで！

A : **Ne t'attache pas trop à moi !** J'ai peur que tu le regrettes. C'est de la folie !
B : Ne t'inquiète pas ! Si j'ai envie d'être fou toute ma vie, ça me regarde.

*A : 私のこと、そんなに好きにならないで！ 後で後悔するんじゃないかって恐いの。だいたいおかしいってば！
B : 心配いらないよ。一生おかしいままでいいと思ってるにしても、それは僕自身の問題なんだから。

★〈s'attacher à + 人〉は「～にくっつく」→「～が好きになる」。
★Ça me regarde. の regarder は「見る」ではなく、「関係する」。「それは私だけに関係している」の意。

387 Les mots sont une preuve d'amour ?

[レ モ ソンテュヌ プルーヴ ダムール]

▶ 言葉で愛が証明できる？

A : Je sais que tu m'aimes mais tu me le dis jamais. Moi, j'arrête pas de te le dire.
B : Et alors ? Tu crois encore que **les mots sont une preuve d'amour ?** Et puis ne dit-on pas qu'il vaut mieux aimer sans retour que ne jamais connaître l'amour ?

*A : あなたが私のこと愛してるってわかってるけど、全然そう言ってくれない。私は愛してる、ってずっと言ってるのに。
B : だから？ 言葉で愛が証明できるなんてまだ思ってるの？ それに、愛を知らないよりは、片思いでも愛しているだけいい、って言わない？

★Et alors ? : だから何？ 相手の言うことを取り合わないときに使う (⇒ 20)。
★sans retour は「戻ってこない」→「一方通行の」。

388 J'ai appris que tu t'étais remarié.
[ジェ アプリ ク テュ テテ ルマリエ]

CHECK✓

▶ 再婚したんだってね。

A : **J'ai appris que tu t'étais remarié.** J'en reviens pas !
B : Eh oui ! J'avais pourtant bien juré qu'on m'y reprendrait plus mais voilà, difficile de résister au charme de Julie.

*A：再婚したって聞いたよ。ほんと、驚き！
 B：そうなんだよ！ もう結婚なんかしないって心に決めてたんだけど、ジュリの魅力には逆らえなくて。

★「結婚する」、「再婚する」は、se marier, se remarier と代名動詞を使う点に注意。marier, remarier は「結婚させる」、「再婚させる」。「再婚した」は、j'ai appris（知った）よりも前の事柄なので、大過去形が使われている。

★J'en reviens pas ! は「驚いた！」という熟語表現（⇒ 103）。

★reprendre + 人 + à + 不定詞：人が〜しているところを再び取り押さえる。On (ne) m'y reprendra plus. は「人は私がそうしている現場を押さえることはもはやないだろう」→「もうそんなことはしないぞ」と話し手の決意を表す。ここでは jurer（心に決める）という過去から見て未来を表すので、条件法現在形（reprendrait）になっている。

389 Qu'est-ce que t'attends pour m'embrasser ?
[ケス ク タタン プル マンブラッセ]

CHECK✓

▶ いつになったらキスしてくれるの？

A : En français, on dit "Je t'aime", en anglais "I love you", mais la langue que je préfère c'est la tienne.
B : Alors **qu'est-ce que t'attends pour m'embrasser ?**

 A：フランス語では「ジュテーム」、英語では、「アイラヴユー」。でも僕が好きな言葉は、君自身の言葉さ。
*B：ねえ、私にキスしてくれるのに、何をぼやぼやしているわけ？

★langue には「言葉」のほかに「舌」という意味がある。

★Qu'est-ce que t'attends (= tu attends) ? は「何を待っているの？」だが、「何をぼやぼやしているの？」と相手をせかすときに使われる。したがってここでは「早くキスして」という意味になる。

CHAPITRE 8

390 Tu lui as tapé dans l'œil.
［テュ リュイ ア タペ ダン ライユ］
▶ 彼（女）に気に入られてたね。

A : J'ai comme l'impression que **tu lui as tapé dans l'œil**, hier soir.
B : Quelle perspicacité ! Il m'a tellement pas quitté des yeux de toute la soirée que ça en devenait limite insupportable. J'étais à deux doigts d'exploser.

　A：昨日の夜は、何だか彼に気に入られてみたいだね。
＊B：よくわかったね！ パーティの間ずっとこっちを見てるから、もう我慢も限界。あとちょっとでキレるかと思っちゃった。

★taper dans l'œil à ＋ 人：〜の気に入る。taper は「叩く」。〈à ＋ 人〉は間接目的語の形で体の一部分の所有者を示す。〈donner dans l'œil à ＋ 人〉とも言える。
★perspicacité: 洞察力、鋭い観察力。
★être à deux doigts de ＋ 不定詞：もう少しで〜しそうである。「〜するのに指２本分のところにいる」が直訳。

391 Tu n'as qu'à essayer de lui parler.
［テュ ナ カ エセイエ ドゥ リュイ パルレ］
▶ 彼（女）に話しかけてみなよ。

A : **Tu n'as qu'à essayer de lui parler.**
B : Ouais, ça ou autre chose. Au point où j'en suis.

＊A：彼女に話しかけてみればいいじゃない。
　B：うん、何でもしてみるよ。もうここまで来たらね。

★Tu n'as qu'à ＋ 不定詞：〜すればよい。提案の表現としては直接的な言い方なので、もっぱら tu の関係で使う。ne と tu の「ユ」の音も省略された、T'as qu'à ... というかなりくだけた言い方もある。例：T'as qu'à lui envoyer des fleurs ou, encore mieux, t'as qu'à lui écrire une lettre d'amour.（花でも送ったら、いやそれより、ラブレターでも書いてみればいいじゃない。）
★ça ou autre chose の直訳は「それ、あるいは別のこと」。そのことでも、別のことでも、この際何でもやってみるというニュアンス。
★au point où j'en suis は「ある場所（en）から始めて、（これまでありとあらゆることをして）私がたどり着いたこの地点（point）で」→「ここまで来たんだから」。

392 Qu'est-ce que je suis pour toi ?
[ケス ク ジュ スュイ プル トワ]
▶ あなたにとって私って何？

A : On se connaît depuis cinq ans. **Qu'est-ce que je suis pour toi ?**
B : C'est très simple ! Si t'aimer sans te connaître me paraît difficile, te connaître sans t'aimer m'est impossible !

*A : もう5年も前から付き合ってるけど、あなたにとって私って何？
 B : 簡単なことだよ。あなたがどんな人か知らずに愛するなんて難しいと思うし、あなたを愛さずにあなたを知るなんて、僕にはできない！

★si 以下では t'aimer sans te connaître までが主語になっている。不定詞もこのように主語になることができる。

393 Dans mon cœur, il n'y a que toi !
[ダン モン クール イル ニア ク トワ]
▶ 心にはあなたしかいない！

A : Tu comptes beaucoup pour moi et je me demandais si tu ressentais la même chose ?
B : Tu vois, dans une journée, il y a vingt-quatre heures, dans mon visage, il y a deux yeux mais **dans mon cœur, il n'y a que toi !**

 A : 君は僕にとってすごく大切な人、そして君も同じ気持ちかなって考えてたんだ。
*B : あのね、一日は24時間あるし、私の顔には目が2つあるけど、心にはあなたしかいない！

★compter pour + 人：〜にとって大切である。compter は「数を数える」の意。

394 Elle l'a pris la main dans le sac.
[エル ラ プリ ラ マン ダン ル サック]
▶ 現場を押さえた。

A : Sa femme a des preuves de son adultère ?
B : Plus que des preuves, **elle l'a pris la main dans le sac.**

*A : 奥さんは旦那の浮気の証拠を握ってるの？
 B : 証拠なんてもんじゃない。現場を押さえたんだよ。

★plus que + 名詞：〜以上。
★〈prendre + 人 + la main dans le sac〉で「〜がカバンに手を入れているところを取り押さえる」→「現場を取り押さえる」。

CHAPITRE 8   177

395 Comme plan drague, j'ai déjà vu plus original !

[コム プラン ドラグ ジェ デジャ ヴュ プリュゾリジナル]

▶ ナンパのセリフなら、もっとましなのがあるんじゃない？

A : Il me semble vous avoir déjà rencontrée quelque part. Votre visage m'est familier.
B : **Comme plan drague, j'ai déjà vu plus original !**

　A：以前どこかでお会いした気がするんですが。お顔を見たことがあるような。
*B：ナンパのセリフなら、もっと気の利いたのを聞いたことがあるんだけど！

★Il me semble + 不定詞：〜するように思う。不定詞の複合形で「〜したように思う」。

★plan + 無冠詞名詞：〜する計画。drague は draguer（ナンパする）の名詞形。

396 Elle le menait par le bout du nez.

[エル ル ムネ パル ル ブ デュ ネ]

▶ 彼女は彼を振り回していた。

A : Tu connais la dernière ? Maxime a divorcé !
B : Ça n'a rien d'étonnant, depuis le temps qu'**elle le menait par le bout du nez !**

*A：知ってる？ 最新ニュース！ マキシムが離婚したよ！
　B：驚かないね。彼女、マキシムを好きなように扱ってたからね。

★la dernière は la dernière nouvelle の略で「最新ニュース」。

★Ça n'a rien d'étonnant. は「それは人を驚かせるようなものを何も持っていない」。

★mener + 人 + par le bout du nez：〜を自分の好きなように扱う。人の鼻の先をつまんで、引っ張り回すイメージ。

397 Je n'arrive pas à la faire sortir de ma tête.

[ジュ ナリヴ パ ア ラ フェル ソルティール ドゥ マ テットゥ]

▶ 彼女のことが頭から離れない。

A : J'ai appris que toi et Julie, vous aviez cassé. Tu t'en remets ?
B : Non, **je n'arrive pas à la faire sortir de ma tête.** J'y peux rien.

*A：あなたとジュリーが別れたって聞いたけど、もう大丈夫なの？
　B：だめ。彼女のことが頭から離れないんだ。どうしていいかわからないよ。

★s'en remettre：（あることから）立ち直る。

★faire sortir ... de sa tête：〜を頭から追い出す。

★J'y peux rien.：どうしようもない（⇒ 57 ）。

398 Si tu me quittes, je n'ai plus de raison d'être.

[スィ テュ ム キットゥ ジュ ネ プリュ ドゥ レゾン デートゥル]

▶ 君がいなくなったら、もう生きている意味ないよ。

A : Mais, mais **si tu me quittes, je n'ai plus de raison d'être.**
B : Ne dramatise pas ! Tu trouveras très facilement et très rapidement d'autres raisons de vivre. Je ne m'inquiète pas pour toi.

　A：でも、もし君がいなくなったら、もう生きている意味ないよ。
＊B：大げさな！ ほかの生きがいがすぐ簡単に見つかるでしょ。心配してないわ。

★raison d'être は哲学的に言えば「存在理由」。もう少し日常的には「生きがい」。raison de vivre (生きる理由) もほぼ同じ意味。
★dramatiser：誇張する。形容詞 dramatique は「重大な、悲惨な」の意味。

399 Je n'arrête pas de me faire brancher par des types inintéressants.

[ジュ ナレトゥ パ ドゥ ム フェール ブランシェ パル デ ティプ イナンテレサン]

▶ 声をかけてくるのはどうでもいい男ばかり。

A : Tu préfères rentrer ?
B : Oui, **je n'arrête pas de me faire brancher par des types inintéressants.**

　A：帰りたい？
＊B：うん、さっきから興味薄の男ばっかりに言い寄られてて。

★brancher はくだけた表現で「話しかける」。特にナンパ目当てで声をかけることを指す。se faire brancher で「言い寄られる」。類義表現に se faire accoster がある。
★type (タイプ) は、くだけた会話で「男、ヤツ」を指す。

Chapitre 9
熟語・慣用句 フレーズ

フランスの文化・習慣に由来した、
興味深い熟語や慣用表現を学んでみよう。
ちょっとこなれた言い回しを身につければ、
相手から一目置かれること間違いなし？

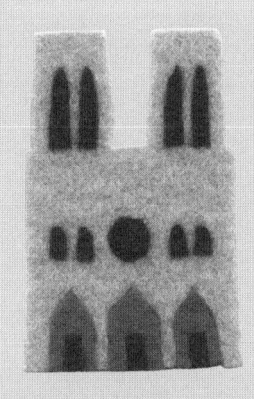

400 comme un malade
[コマン　マラドゥ]
▶ **むちゃくちゃに／ばかみたいに**

A : Je te raccompagne ?
B : Certainement pas ! Tu conduis **comme un malade** !

> A：送っていこうか？
> *B：いい、いい！　ばかみたいに飛ばすんだもん！

★raccompagnerは「帰る人のお伴をする」→「送っていく」となる。accompagnerならば、単に「どこかに行く人のお伴をする」という意味。

★comme un maladeの直訳は「病人のように」だが、常識はずれの行動をする人を指して使われる。なお、comme des maladesと複数形にすると「精一杯、必死で」の意味（⇒ 354 ）。

401 à la japonaise
[ア　ラ　ジャポネーズ]
▶ **日本風に**

A : Quatre cents grammes de viande pour six personnes ? Je crois que tu as vu un peu juste !
B : Non, j'ai fait ça **à la japonaise**.

> *A：6人分にお肉400グラムだけ？　ちょっとぎりぎりだと思うけど。
> B：そんなことないよ、日本風にしてみたんだ。

★juste：（量が）ぎりぎりの、かろうじて足りる。

★〈à la ＋ 国名の形容詞の女性形〉で「〜風」となる。例：jardin à la japonaise（日本式庭園）

402 Bonjour les dégâts !
[ボンジュール　レ　デガ]
▶ **ひどいことになる！**

A : Pourquoi tu ne votes jamais ?
B : Pour moi, la politique c'est comme la religion. Tous ces gens qui ont toujours réponse à tout et quand ils sont au pouvoir, **bonjour les dégâts** !

> *A：なんで投票に行かないって決めてるの？
> B：僕にとっては、政治って宗教のようなもんだよ。連中はああ言えばこう言うし、そんなのが権力の座につくと、それはひどいことになるよ！

★〈bonjour ＋ 名詞〉は、いやな物事、大変な物事に対して皮肉を込めて挨拶することで、「ああ大変な〜が始まる」という意味合いで使われる。dégât(s)は「被害；大混乱」。

403 à dose homéopathique
[ア ドーズ オメオパティック]
▶ ほんの少し

A : Bon, je sors un peu, j'ai besoin de changer d'air.
B : Mais tu viens à peine de commencer. Je te garantis que c'est pas en étudiant comme ça, **à dose homéopathique**, que t'auras ton bac !

　A : さて、ちょっと外に出てくる。気分転換しないと。
*B : ほとんど始めてないじゃない。こんなちょっとしか勉強していないんじゃ、バカロレアは取れないよ。

★à peine： ほとんど〜ない。実質的な否定表現。

★homéopathie（ホメオパシー）は、病原因子と同じ症状を引き起こす物質を少量ずつ投与する治療法。ここから、形容詞形の homéopathique を dose（服用量）と組み合わせて、「ほんの少し」という意味になる。

404 Ça s'appelle Reviens.
[サ サペル ルヴィアン]
▶ ちゃんと返してよ。

A : Tu peux me prêter ton stylo, s'il te plaît ?
B : Oui, mais **ça s'appelle Reviens.** C'est pas que j'y tienne particulièrement mais c'est un cadeau de ma femme.

*A : 万年筆貸してくれる？
　B : いいよ、でもこれの名前は「戻ってこい」って言うんだ。ものすごく大切にしてるわけじゃないけど、妻からの贈り物なんだ。

★Ça s'appelle Reviens.（これは「戻ってこい」という名前です）は、人にものを貸すときに、冗談ぽくかける言葉。要するに「返してね」ということ。

★C'est pas que ...： 〜が理由ではない。

★tenir à ...： 〜に執着する。j'y tienne は接続法。

CHAPITRE 9

405 à tous les coups
[ア トゥ レ ク]
▶ きっと

CHECK✓

A : C'est bizarre cette odeur. C'est pas toi ? **A tous les coups**, tu as dû marcher dans ce que je pense, non ?

B : Arrête ! Tes insinuations, tu peux te les mettre où je pense !

　A : 変なにおいがするぞ？ お前じゃない？ きっと、あれを踏んじゃったに違いないよ。
　*B : やめてよ！ その持って回った言い方。どうだっていい、そんなこと！

★à tous les coups は「きっと、絶対に」という意味を表す。

★Tu as dû marcher dans ce que je pense. の直訳は「あなたは、私が思うものの上を歩いたに違いない」。「私が思うもの」と、わざと婉曲な言い方をして「(犬の)糞」をほのめかしている。フランスでは、よく道に犬の糞が落ちているので要注意。

★où je pense の直訳は「私が思うところ」だが、実際には「おしり」の意味。Tu peux te les mettre où je pense. は「自分のおしりにしまっておいて」→「そんなことどうだっていい」となる。

406 du jour au lendemain
[デュ ジュール オ ランドゥマン]
▶ 突然／一夜のうちに

CHECK✓

A : Pourquoi tu as démissionné comme ça, **du jour au lendemain** ?

B : J'ai craqué ! J'en pouvais plus d'être traité de tous les noms par mes supérieurs. Pire harcèlement, tu meurs !

　*A : どうして突然仕事やめちゃったの？
　　B : もう限界越えちゃったよ。上司にひどいこと言われるのにもう我慢できなかったんだ。ひどいハラスメントだよ。ありえない！

★du jour au lendemain は「その日から翌日へ」だが、一夜にして事態が変わるということから、「突然」という意味になる。

★J'en pouvais plus. で「もう無理だった」。en は d'être traité ... を受けている。

★être traité(e) de tous les noms：罵詈雑言を浴びせられる。直訳は「あらゆる名前で扱われる」。

★〈比較の表現 + tu meurs〉で「ありえないほど～だ」。文字どおりに訳せば「これ以上の～は死を招く」。ここでは mauvais の比較級 pire が使われている。

407 C'est du tout cuit !
[セ デュ トゥ キュイ]
▶ うまくいくに決まってる！

A : Installer une cuisine, finalement, c'est pas si compliqué !
B : Evidemment quand on a un compagnon ou une compagne bricolo, **c'est du tout cuit !** Moi, je dois me débrouiller tout seul.

> *A : キッチンを備え付けるのって、結局、それほど大変じゃないよ。
> B : そりゃ、日曜大工ができる旦那や奥さんがいれば、うまく行くよ！ 僕はひとりでやらなきゃいけない。

★bricolo は bricoleur の口語表現で「日曜大工のできる人」。フランスでは本格的な大工仕事をする人が多く、キッチンやバス、トイレも自分で設置することがある。

★tout cuit は「しっかり焼けた（もう後は料理を出すだけ）」。ここから、C'est du tout cuit ! で「間違いなくうまくいく」となる。tout cuit を名詞化して、その前に部分冠詞の du が付いている。

408 Il était moins une !
[イレテ モワン ユヌ]
▶ 危ないところだった！

A : Dis-donc, **il était moins une !** On a failli le rater.
B : Oui, on a eu chaud. C'est pour ça que je ne prends jamais le taxi, avec les embouteillages, on n'est jamais sûrs d'arriver à l'heure.

> *A : まったく、危なかった！ 電車に乗り遅れるところだったよ。
> B : ほんと、危ないところだった。だから僕はタクシーに乗らないんだ。渋滞があったら、時間通り着けるかどうかわからないからね。

★Il était moins une. は「1 分（= une minute の minute が省略されている）少なかった（= moins）ので助かった」→「もう 1 分経っていたら大変なことになっていた」というくだけた表現。une の代わりに cinq と言うこともある。

★faillir + 不定詞 :（主に複合過去形で用いて）危うく〜するところだった、もう少しで〜するところだった。

★avoir chaud の直訳は「暑い」だが、口語で、複合過去形で用いると、「危ないところを切り抜けた」という意味で使われることがある。

409 Depuis quand c'est interdit ?
[ドゥピュイ カン セタンテルディ]
▶ だめだなんていつ決まった？

A : Ne me regardez pas comme ça ! Vous me gênez !
B : **Depuis quand c'est interdit** de regarder les beaux jeunes hommes **?**

   A : そんなふうに見ないでください！ 困ります！
 *B : かっこいい若い男のことを見ちゃいけないなんて、いつ決まったの？

★Vous me gênez. の直訳は「あなたは私に迷惑をかける」(⇒ 87)。
★Depuis quand c'est interdit ? (いつからそれは禁止されている?) は、「だめだ」と言われたときに反論するための表現。禁止の内容は〈de + 不定詞〉で導く。

410 C'est sorti comme ça !
[セ ソルティ コム サ]
▶ つい言ってしまった！

A : Je sais pas ce qui m'est passé par la tête, **c'est sorti comme ça !**
B : Tu es vraiment limite parfois. Tu réfléchis jamais avant de parler !

   A : 自分でもどうしちゃったのかわかんないけど、つい言ってしまったんだ！
 *B : あなたってほんとに限度を超えてるときがあるんだけど。何かしゃべる前にまずはよく考えてよ。

★C'est sorti comme ça. の直訳は「それはこんなふうに出てきてしまった」。主語 (ce = それ) は「言葉、発言」を指している。
★limite : 限界。ここでは、くだけた表現で「(人が) 許容範囲を超えている」。

411 Tu débarques ou quoi ?
[テュ デバルク ウ クワ]
▶ なんだ、知らないの？

A : Au fait, Jules et Pamela sont toujours ensemble ?
B : **Tu débarques ou quoi ?** Ça fait presque un an qu'ils ont cassé.

   A : ところで、ジュールとパメラは今も一緒なの？
 *B : なんだ、知らないの？ だめになってもう1年になるよ。

★débarquer は「上陸する」だが、ここから「(まるで遠くに旅行に行って、最近戻ってきたかのように) 事情を知らない」→「近況に疎い」という意味がある。... ou quoi ? (〜か何か?) は、驚きを表す表現。

412 Demain, il fera jour !
[ドゥマン イル フラ ジュール]
▶ 急ぐ必要はない！

CHECK✓

A : Tu n'as pas encore fini de repeindre le couloir ?
B : C'est bon, c'est bon ! **Demain, il fera jour !** Pourquoi tu es pressée comme ça ?

*A：廊下の塗り直し、まだ終わってないの？
 B：もう、わかってるよ。そんなに急がなくていいだろ！ なんでそんなに急ぐの？

★C'est bon ! は、ここでは「よい」ではなく、「もういいでしょ、もうわかったから」と、しつこい相手に対して軽いいらだちを示す。
★Demain, il fera jour. は「明日になれば、夜が明けるだろう」→「だから急ぐことはない」という決まり文句。

413 Ça date pas d'hier.
[サ ダットゥ パ ディエール]
▶ かなり前からだ。

CHECK✓

A : Tu crois qu'il la trompe ?
B : Ça, c'est clair ! Et **ça date pas d'hier,** en plus.

 A：あいつ、浮気してると思う？
*B：明らかよ！ しかもかなり前からね。

★clair(e)：明らかな、はっきりしている (⇒ 36)。
★dater de ...：～にさかのぼる。Ça date pas d'hier. で「それは昨日に始まったことではない」→「結構前からだ」。

414 Je te faisais marcher.
[ジュ トゥ フゼ マルシェ]
▶ ちょっとひっかけてみた。

CHECK✓

A : Pourquoi tu veux me quitter ? Qu'est-ce que j'ai fait ?
B : Rien ! **Je te faisais marcher.** Je voulais simplement voir ta réaction.

 A：なんで別れたいの？ 僕が何をした？
*B：何にも！ ちょっとひっかけてみたの。ただ、どんな反応するのか見てみたかったの。

★〈faire marcher + 人〉は、くだけた表現で「～をだます、かつぐ」。

415 C'était un peu gros !

[セ テ アン プ グロ]

▶ 見え見えだった！

A : J'ai essayé de faire croire au prof que j'avais écrit ça tout seul mais il n'a pas marché !

B : Tu m'étonnes ! **C'était un peu gros !** Tu as fait un quasi copier-coller de Sartre.

　A : 先生に、全部一人で書いたと思わせようとしたんだけど、だめだった！
*B : 当たり前だよ！　だって見え見えでしょ。ほとんどサルトルの引き写しでしょ。

★marcher のここでの意味は「真に受ける」。Il n'a pas marché. は「彼は信じなかった」ということ。

★C'était un peu gros. の直訳は「それはちょっと大きかった」。「それはかなりオーバーだったので、見え見えだった」というニュアンス。

416 C'est pas mes oignons !

[セ パ メゾニョン]

▶ 知ったことじゃない！

A : Tu ne peux pas imaginer ce qu'elle a osé me dire hier soir quand je suis rentré !

B : Non et je m'en fiche. **C'est pas mes oignons !** Moi, vos histoires de couple, je m'en lave les mains.

　A : 昨日の夜、家に帰ったときに、彼女が僕に何て言ったか、きっと想像もつかないよね！
*B : さあ。って言うか、どうだっていいし。私の知ったことじゃない。あなたたちカップルの話なんて興味ない。

★C'est pas mes oignons ! の直訳は「それは私のタマネギじゃない」。oignon はくだけた表現で「自分に関わりのあること」を指す。例: C'est pas tes oignons. (あなたには関係ない。)

★Je m'en lave les mains. の直訳は「私はそこから手を洗う」。se laver les mains de ... で「〜から手を引く、〜に関わらない」という意味のくだけた表現。

417 T'es né hier ou quoi ?
[テ ネ イエール ウ クワ]
▶ いったいあなた何歳なの？

A : Pour acheter un billet d'avion, tu vas où ? A l'aéroport ?
B : **T'es né hier ou quoi ?** Les agences de voyages, Internet, tout ça, ça ne te dit rien ?

　A：飛行機の切符買うのに、どこに行く？ 空港？
*B：いったいあなた何歳なの？ 旅行代理店とか、インターネットとかあるでしょ、聞いたことない？

★T'es né hier ou quoi ?の直訳は「昨日生まれたの？ 何なの?」。世間知らずの相手を皮肉る表現。
★Ça ne te dit rien ?の直訳は「そのことが何も訴えてこない?」。「何も思い当たらないの?」というニュアンス（⇒ 61 ）。

418 C'est un bien grand mot !
[セタン ビアン グラン モ]
▶ それはかなり大げさだ！

A : J'ai l'impression que vous avez chez vous d'excellents restaurants partout !
B : Partout, partout, **c'est un bien grand mot !** Mais ici et là, oui ! Surtout dans les petits villages authentiques pas trop touristiques.

*A：この辺りには、いいレストランがそこら中にあるように思うんですが。
　B：そこら中、というのはかなり大げさですけどね！ でも確かに、あっちこっちにあります。特にあまり観光地化されていない、本当の小村には。

★partoutは「至るところに」。ici et làも「あちらこちらに」で、結構多いというニュアンス。
★grand motは「大きな言葉」→「大げさな言葉」のこと。bienはgrandの意味を強調している。

CHAPITRE 9

419 On va pas aller loin.
[オン ヴァ パ アレ ロワン]
▶ 詳しいことがわからない。

A : Tout ce que je sais, c'est qu'elle a été hospitalisée. Mais pourquoi et où ? J'en sais absolument rien.
B : C'est un peu léger comme info. **On va pas aller loin** avec ça !

*A : 私が知ってるのは、彼女は入院したということ。でもどうしてなのか、どこの病院なのかは、全然わからない。
　B : 情報が少ないな。それじゃあ詳しいことがわからないよ！

★légerは「軽い」だが、情報が少ない、理由としては弱い、と言いたいときによく使われる。

★aller loinは「遠いところに行く」→「もっと詳しいことを知る」。

420 C'est plus fort que moi.
[セ プリュ フォール ク モワ]
▶ ついそうしてしまう。

A : Je comprends pas que tu te sentes toujours obligée de repasser derrière moi. Tu n'as pas confiance dans la qualité de mon travail ?
B : Je suis désolée. **C'est plus fort que moi.**

　A : なんで僕の仕事を後からいちいちチェックしないといけないのか理解できない。そんなに僕の仕事のクオリティを信用できないの？
*B : ごめんなさい。ついそうしてしまうの。

★repasser derrière + 人：～の仕事ぶりを監督する。

★C'est plus fort que moi. の直訳は「それは私よりも強い」。自分ではコントロールがきかないことについて使う。

421 C'est une mine de renseignements.
[セテュヌ ミヌ ドゥ ランセニュマン]
▶ 情報の宝庫だ。

A : J'adore cette collection de guides. **C'est une mine de renseignements** super pratiques pour bien préparer tes voyages.
B : Moi, je pars toujours sans rien préparer. Je préfère me renseigner sur place.

　A : このガイドブックシリーズ大好きなんだ。旅行の準備に、とっても役立つ情報がいっぱい載ってるよ。
*B : 私は、いつも何にも準備せずに出るの。現地で尋ねるのが好き。

★une mine de ...：～の宝庫。mineは「鉱山」のこと。

★renseignementは「情報」という意味で、informationと同様よく使われる。

422 C'est son père tout craché.
［セ ソン ペール トゥ クラシェ］
▶ 彼は父親と瓜二つだ。

A : Martin, **c'est** vraiment **son père tout craché.**
B : J'ai toujours dit qu'ils se ressemblaient comme deux gouttes d'eau. Surtout le caractère. Deux têtes de lard !

*A：マルタンって、本当に父親と瓜二つだね。
　B：前からあの父子はそっくりだって言ってたじゃないか。特に性格がね。本当に二人とも頑固だよ！

★tout craché は無変化の定型表現で「そっくりの」という意味。
★se ressembler comme deux gouttes d'eau は「2つの水滴同士のようによく似ている」という意味で、「そっくりだ」と言うための比喩表現。
★tête de lard：石頭、頑固者。lard は「豚の脂肪」。

423 Ce n'était pas une lumière !
［ス ネテ パ ユヌ リュミエール］
▶ 冴えはなかった！

A : Louis XVI était peut-être un brave homme mais **ce n'était pas une lumière !**
B : A sa décharge, avec la femme qu'il avait, il était pas très aidé non plus.

　A：ルイ16世はもしかしたら善良な男だったかもしれないが、冴えはなかったな！
*B：でもねえ、一緒にいた女性がね、あまり足しにはならなかった面もあるよね。

★ルイ16世は、フランス革命時にギロチンにかけられた王。妻はマリー・アントワネット。
★brave は名詞の前では「善良な」、名詞の後に付くと「勇敢な」の意味。
★Ce n'était pas une lumière. の直訳は「それは光ではなかった」。光が差し込むような知性のきらめきはないということ。ちなみに「啓蒙主義」の「啓蒙」は Lumières と複数にして使う。
★à la décharge de ＋人：～の弁護のために。

CHAPITRE 9

424 Tu perds pas le nord.
[テュ ペール パ ル ノール]
▶ ちゃっかりしてるね。

A : Ah Papa, comme je sais que tu travailles dans le coin des Galeries Lafayette, aujourd'hui, tu pourras m'acheter ces quelques trucs en passant ?

B : Comme d'hab, **tu perds pas le nord.** L'art de toujours tirer le meilleur pour soi à la moindre occasion.

*A : あ、パパ、今日はギャラリー・ラファイエットの近くで仕事でしょ。(リストを渡して)ついでに、これ買ってきてくれる？

　B : いつもちゃっかりしてるな。どんな機会でもうまくとらえて、自分のものにできるなんて、まったくお前ときたら。

★en passant は「通るときに」→「ついでに」。

★comme d'hab は会話でのくだけた言い方で、comme d'habitude の略。

★nord は「北」だが、perdre le nord で「方角がわからなくなる」→「途方に暮れる、慌てる」。否定形で、「いつも冷静だ；ちゃっかりしている」となる。

★(avoir) l'art de + 不定詞：〜するのがうまい。皮肉を込めて使われることが多い。

425 Il a retourné sa veste.
[イラ ルトゥルネ サ ヴェストゥ]
▶ 彼は手のひらを返したように意見を変えた。

A : Dès qu'il a vu que le directeur commençait à critiquer ses propositions, en moins de deux, **il a retourné sa veste.**

B : Ça ne m'étonne pas de lui. Il n'a aucune personnalité.

　A : 上司が提案を批判し始めたとわかったら、あの男、すぐに意見を変えたんだよ。

*B : いかにもだね。彼には自分ってものがないんだよ。

★〈en moins de + 数字〉で「〜以内に」。ここでの deux は短い時間を表す。例えば Tu as deux minutes ? は「2分ある?」→「ちょっと時間ある?」。

★retourner sa veste の直訳は「上着を裏返す」。上着を裏返すように意見をころっと変える態度を指す。

426 C'est un mouton de Panurge.

[セ アン ムトン ドゥ パニュルジュ]

CHECK✓

▶ あいつは付和雷同するヤツだ。

A : Tu crois qu'on peut compter sur le soutien de Raymond pour voter contre le budget ?
B : Tu plaisantes ! **C'est un** vrai **mouton de Panurge.** Si la majorité vote pour, il votera pour.

　A : 予算のことを反対するのに、レイモンの支持を当てにできると思う？
*B : 冗談！ あいつは本当に付和雷同の男だよ。もし大多数が賛成に投票したら、彼も賛成票を入れるよ。

★mouton de Panurge (パニュルジュの羊) とは、フランス中世の作家フランソワ・ラブレーの『ガルガンチュアとパンタグリュエル物語』の挿話から。自分の意見がなく、すぐに他人の意見に同調する人のことを指す。

★voter pour [contre] ... : 〜に賛成 [反対] の票を入れる。

427 Tu me poses un lapin.

[テュ ム ポーズ アン ラパン]

CHECK✓

▶ 約束をすっぽかしたね。

A : Tu n'as aucune raison de faire cette tête-là !
B : Ah bon ? Hier soir, **tu me poses un lapin.** Ce matin, tu arrives comme si de rien n'était. Et moi, je devrais être de bonne humeur. C'est ça ?

*A : なんでそんな顔してんの！
　B : ええ？ 昨日は約束すっぽかす。今朝は何もなかったかのようにやってくる。で、僕には機嫌よくしてろって言うの？ そういうこと？

★faire cette tête-là は「ぶすっとした顔をする、不機嫌な顔をする」。

★Tu me poses un lapin. の直訳は「あなたは私のところにウサギを置く」。〈poser un lapin à + 人〉で「待ち合わせをすっぽかす」という表現になる。

★comme si de rien n'était は決まり文句で comme si rien ne s'était passé (何も起きなかったかのように) という意味。例 : J'ai continué à vivre comme si de rien n'était. (何もなかったかのように生活していた。)

★être de bonne [mauvaise] humeur : 上機嫌 [不機嫌] である。

CHAPITRE 9　　193

428 Tu as mangé du lion ?
[テュ ア マンジェ デュ リオン]
▶ そのパワー、どこから湧いてきたの？

CHECK✓

A : J'ai dit au directeur tout ce que j'avais sur le cœur et pour finir, j'ai quitté son bureau en claquant la porte.
B : **Tu as mangé du lion** ce matin ou quoi ?

 *A : 上司に、心の中で思ってたことを全部ぶちまけて、最後にドアをバタンと閉めて会社を出てきてやったの。
 　B : すさまじい勢いだけど、今朝はいったいどうしちゃったの？

★Tu as mangé du lion ? は「ライオンを食べたの？」が直訳。ライオンを食べたと思われるくらい、エネルギーがあって、アグレッシブな様子を指す。

429 Il n'y a pas de lézard.
[イル ニア パ ドゥ レザール]
▶ 何の問題もありません。

CHECK✓

A : Une encyclopédie complète pour seulement vingt euros ! Ça me paraît louche, moi !
B : Je te garantis qu'**il n'y a pas de lézard** ! C'est simplement parce qu'il y a un petit défaut d'aspect.

 *A : 百科事典が全巻そろって、たった の 20 ユーロ！ 何だか怪しい！
 　B : 何の問題もないって保証する。ただ表面にちょっとした傷みがあるだけだよ。

★louche：怪しげな、うさん臭い。ものにも人にも使える。
★Il n'y a pas de lézard. の直訳は「トカゲはいない」。「問題ない」という意味の熟語表現。

430 Il n'y a pas mort d'homme.
[イル ニア パ モール ドム]
▶ 大したことないよ。

CHECK✓

A : Mais regarde dans quel état est la voiture ! Qu'est-ce qu'on va faire ?
B : Calme-toi, **il n'y a pas mort d'homme.** On va appeler une dépanneuse.

 　A : この車の状態、見てよ！ どうしよう？
 *B : 落ち着いて、大したことないよ。レッカー車を呼びましょう。

★Il n'y a pas mort d'homme. の直訳は「人の死はない」、そこから「大したことはない」という意味になる。
★dépanneuse：レッカー車。同じく panne（故障）から派生した単語が dépanner（修理する；⇒ 275 ）。

194　CHAPITRE 9

431 Ça m'est sorti de la tête.
[サ メ ソルティ ドゥ ラ テットゥ]
▶ 頭から抜けてた。

A : Tu as eu le temps de te renseigner sur les meilleures agences pour notre trekking au Népal ?
B : Excuse-moi, **ça m'est** complètement **sorti de la tête.** Je me renseigne demain, c'est promis !

　　*A：ネパールのトレッキングだけど、いい旅行会社を調べてくれる時間あった？
　　　B：ごめん、完全に頭から抜けてた。明日調べるよ、約束する！

★Ça m'est sorti de la tête. の直訳は「それは私の頭から外に出ていた」。me は間接目的語で、tête の所有者を示す。所有形容詞ではなく、間接目的語で体の場所の所有者を表すのがフランス語らしい表現。la tête の代わりに l'esprit や la mémoire も使われる。

★se renseigner (sur ...)：(〜について) 調べる。

432 Ça me fait une belle jambe !
[サ ム フェ ユヌ ベル ジャーンブ]
▶ どうだっていい／何の意味もない！

A : Il paraît que notre voisin aurait gagné au Loto plus d'un million d'euros !
B : Tant mieux pour lui, mais moi, **ça me fait une belle jambe !**

　　*A：お隣の人、ロトで100万ユーロ以上当てたらしいよ！
　　　B：まあ彼にとってはよかっただろうけど、僕にはどうだっていいよ！

★Ça me fait une belle jambe ! の直訳は「それは私に美しい足を作る」だが、熟語表現で「それは私には何の得にもならない」という意味。「他人がどうだろうと、何をしようと、自分には何の意味もない」という気持ちを表す。

★tant mieux は普通は「よかった」だが、この例のように pour lui と人を添えると、「彼にはよかっただろうけどね」と皮肉が入る。「いいんじゃないの」と突き放した感じで使う。

433 Ça n'avait ni queue, ni tête !

[サ ナヴェ ニ ク ニ テットゥ]

▶ 支離滅裂！

A : C'est moi qui suis débile ou quoi ? J'ai absolument rien compris à sa conférence !

B : T'inquiète pas ! Y avait rien à comprendre ! **Ça n'avait ni queue, ni tête !**

  A : 僕がばかなのか、何なんだ？ この講演は全くわからなかったよ！
*B : 大丈夫！ 理解しようがないよ！ 支離滅裂な内容なんだから！

★débile：ばかな。よく使われる俗な表現。

★n'avoir ni queue, ni tête の直訳は「しっぽも頭もない」。

434 On croyait trop au Père Noël.

[オン クロワイエ トゥロ オ ペール ノエル]

▶ 無邪気に信じてた。

A : Alors ce nouveau directeur ?

B : Ben, on s'attendait à plein de changements et j'avoue qu'on reste un peu sur notre faim. C'est un peu de notre faute, **on croyait trop au Père Noël.**

  A : 新しい上司はどう？
*B : うーん、いろいろ変化があるって期待してたんだけど、正直物足りないな。まあ無邪気に信じてた、私たちも多少悪いんだけどね。

★rester sur sa faim は「お腹がすいた状態でいる」→「満足できない、物足りない」。

★On croyait trop au Père Noël. の直訳は「サンタクロースのことを信じすぎていた」。それほど無邪気・単純であったということ。

435 Il répond du tac au tac.
[イル レポン ドゥ タック オ タック]

CHECK✓

▶ 切り返し方がうまい。

A : Quand un journaliste lui pose des questions sur sa vie privée, **il répond du tac au tac** par une pirouette en disant que sa vie ne serait plus privée s'il lui répondait.

B : On retrouve bien là son sens de la répartie !

　A : 私生活についてジャーナリストが質問すると、「お答えしたら、私生活じゃなくなってしまう」って、うまくはぐらかして、切り返し方が上手だよね。
　*B : まさに彼の当意即妙のセンスが感じられるね。

★tac は、剣を合わせたときの「カチャ」といった音の擬音語。剣で渡り合うところから、質問にうまい答え方をする様子に répondre du tac au tac という表現が使われる。

★pirouette は、「片足を軸にくるっと回ること」。ここから、répondre par une pirouette で「うまくはぐらかす」という意味になる。

★répartie: 素早くて的確な答え方。

436 pour un oui ou pour un non
[プール アン ウィ ウ プール アン ノン]

CHECK✓

▶ ちょっとしたことで

A : Je ne sais pas ce que notre fille a en ce moment, mais elle s'énerve ou se met à pleurer **pour un oui ou pour un non**.

B : Elle est en pleine crise d'adolescence. C'est tout ! Qu'est-ce que tu veux qu'on y fasse ?

　*A : 最近のあの子はほんとわからない。ちょっとしたことで怒ったり、泣いたりしてるの。
　　B : まさに思春期特有の反応だよ。それだけ！ どうしようもないよ。

★pour un oui ou pour un non の直訳は「oui のことでも non のことでも」。「何かにつけて」というニュアンス。

★Qu'est-ce que tu veux qu'on y fasse ? の直訳は「私たちが何をすることを望む？」だが、「何ができるって言うんだ、何もできないよ」と、あきらめのニュアンスを表す。y faire は「(あることを解決するために) 何かをする」の意。

CHAPITRE 9　　197

437 Je vais aller lui dire deux mots.
[ジュ ヴェ アレ リュイ ディール ドゥ モ]

▶ はっきり言いに行くよ。

A : Pour quelle raison ta maîtresse a-t-elle déchiré ton devoir ? **Je vais aller lui dire deux mots,** moi !
B : Non maman ! Non maman ! Fais pas ça ! J'avais triché !

> *A : どうして先生はお前の宿題を破ったりしたの？ ちゃんと言ってやらないといけないわ！
> B : やめて、ママ！ だめ！ 僕、カンニングしたんだ！

★〈dire deux mots à +人〉の直訳は「～に二言、言う」だが、意味は「～にはっきりと言ってやる」で、「～を叱りつける」というニュアンスで使う。

438 Ça se finit en queue de poisson.
[サ ス フィニ アン ク ドゥ ポワソン]

▶ 尻切れトンボだ。

A : T'en as pensé quoi, du film ?
B : J'ai trouvé ça plutôt pas mal mais comme **ça se finit en queue de poisson,** je reste un peu sur ma faim.

> *A : この映画、どう思った？
> B : 結構よかったと思うけど、どうも尻切れトンボで、ちょっと物足りないな。

★Ça se finit en queue de poisson. の直訳は「それは魚のしっぽで終わる」。あっけなく終わったものや、満足のいかなかったものに用いる。
★rester sur sa faim は「空腹のままである」→「物足りなさが残る」(⇒ 434)。

439 Il est comme un poisson dans l'eau.
[イレ コマン ポワソン ダン ロ]

▶ 彼は水を得た魚のようだ。

A : Depuis qu'il vit au Japon, je trouve qu'il a rajeuni. Ça doit être la nourriture, tu crois pas ?
B : Possible mais je crois surtout que c'est parce qu'**il est là-bas comme un poisson dans l'eau.**

> *A : 彼は日本に住みだしてから若返った感じだね。食べ物のせいだと思わない？
> B : そうかもね。でも何より、日本だと彼は水を得た魚のように生き生きできるからだろうね。

★être (heureux) comme un poisson dans l'eau は「(水を得た魚のように) 喜んでいる、生き生きしている」という、日本語と同様の比喩表現。

CHAPITRE 9

440 Il se met le doigt dans l'œil.

[イル ス メ ル ドワ ダン ライユ]

▶ ひどい勘違いをしている。

A : Ses excuses ne me suffisent pas ! S'il croit que je vais en rester là, **il se met le doigt dans l'œil.**

B : Mais, mais qu'est-ce que tu comptes faire ? L'attaquer en justice ?

　A：あんな謝り方じゃだめだね。あいつ、僕がもう何も言わないなんて思っているなら、思い違いもいいところだ。
　*B：ちょっと、何する気？ 訴えでもするの？

★en rester là：ここまででやめておく。

★se mettre le doigt dans l'œil の直訳は「自分の指を目に入れる」。それほど勘違いをしているという熟語表現。se mettre の代わりに se fourrer（突っ込む）も使われる。

★attaquer + 人 + en justice：～を告訴する。

441 Pourquoi tu dois toujours ramener ta fraise ?

[プルクワ テュ ドワ トゥジュール ラムネ タ フレーズ]

▶ なんでいつも口出ししてくるの？

A : Vos raisonnements à tous ne tiennent pas car vous ne tenez pas compte de l'histoire.

B : **Pourquoi tu dois toujours ramener ta fraise ?** C'est fatigant à la longue.

　A：君たちのそんな考え方じゃ筋が通ってないよ。歴史を考慮に入れていないじゃないか。
　*B：なんで偉そうに口出ししてくるの？ ほんとうんざりする。

★tenir：（説明などが）首尾一貫している。

★tenir compte de ...：～を考慮する。

★ramener sa fraise：口出しする、出しゃばる。直訳すると「苺を持ってくる」。「苺」は「顔（特に鼻）」のことを指している。鼻には苺の種に似た「ポツポツ」があることから、この表現が生まれた。

442 Elle se noie dans un verre d'eau.
[エル ス ノワ ダンザン ヴェール ド]
▶ 彼女はちょっとしたことであたふたする。

A : La voisine du dessus était encore dans tous ses états, ce matin.
B : C'était quoi cette fois ? Un robinet qui goutte, une porte qui ferme mal, un pneu dégonflé ? Elle est bien gentille mais **elle se noie** toujours **dans un verre d'eau.**

*A : 下の階の奥さん、今朝もまた大騒ぎしてたよ。
 B : 今度は何だったんだ？ 蛇口の水漏れ、ドアが閉まらない、タイヤがパンクした？ 彼女はいい人なんだけど、ちょっとしたことですぐにあたふたしちゃうんだよね。

★voisin(e)：隣人、お隣さん。マンションの左右や上下（斜めも含む）に住んでいる人を指す。「下［上］の人」と特定する際は、後に du dessous［dessus］を付ける。
★bien ... mais は「確かに〜だけれど」と譲歩を表す。
★se noyer dans un verre d'eau：コップの水の中で溺れている。それほど大変なことでもないのに、すぐに慌ててしまう様子を指す。なお、noyer の過去分詞 noyé(e) は、「〜についていけない」という意味でも使われる。例：Je suis complètement noyée en maths.（もう数学には完全についていけない。）

443 Elles sont en train de rendre l'âme.
[エル ソン アン トゥラン ドゥ ランドゥル ラム]
▶ それ、もうお陀仏だよ。

A : Je sais pas si t'as vu mais **elles sont en train de rendre l'âme,** tes pompes !
B : Mais non, c'est des petits trous de rien du tout. Elles peuvent me faire encore un ou deux ans.

 A : 気づいたかどうかわかんないけど、その靴、もうお陀仏だよ。
*B : そんなことない、何でもない小さな穴が空いてるだけ。まだ1, 2年は持つよ。

★rendre l'âme は「死ぬ」という意味の熟語表現。〈être en train de ＋不定詞〉で「〜しつつある」。
★pompes はくだけた言い方で「靴 (= chaussures)」のこと。
★de rien du tout：取るに足らない。

444 J'ai perdu une belle occasion de me taire.
[ジェ ペルデュ ユヌ ベロカズィオン ドゥ ム テール]
▶ 余計なことを言ってしまった。

A : Ma femme ? Comment elle va ? Mais elle m'a quitté la semaine dernière. T'étais pas au courant ?
B : Ben non, pardon ! Je crois que **j'ai** encore **perdu une belle occasion de me taire.**

 A：妻？ 元気かって？ 先週出てったよ。知らなかったの？
*B：うん、ごめん！ また余計なこと言っちゃった、って感じがする。

★être au courant (de ...)：(ある情報を)知っている。「知る、知っている」の意味では、ほかに savoir や connaître がある。

★perdre une (belle) occasion de se taire の直訳は「黙るための(絶好の)機会を逃す」。「余計なことを言ってしまう、口を滑らせる」のニュアンス。

445 Je l'ai sur le bout de la langue.
[ジュ レ スュル ル ブ ドゥ ラ ラング]
▶ ここまで出かかってるんだけど。

A : Au fait, comment il s'appelle cet acteur super connu dans la pub Nescafé ? J'ai un trou, là. Ça me revient pas.
B : Ben, c'est... euh. Zut ! **Je l'ai sur le bout de la langue** mais ça veut pas sortir.

 A：ねえ、このネスカフェのCMに出てる超有名な俳優、何て名前だっけ？ すぽっと抜けちゃって思い出せない。
*B：えっと、えっと。もう！ ここまで出かかってるのに。だめ、出てこない。

★trou：穴。ここでは記憶に欠落があるということ。

★Je l'ai sur le bout de la langue. の直訳は「それは舌の先に乗っている」。もう少しで思い出せるのに、思い出せないはがゆい気持ちを表す。

★vouloir は、ものを主語とし、さらに否定形で用いると「〜しようとしない」という意味を持つ。Ça veut pas sortir. で「それは出てこようとしない」ということ。

446 On va pas en faire toute une histoire, non ?

[オン ヴァ パ アン フェール トゥテュニストワール ノン]

▶ そこまで大げさに言いたてる必要があるの？

A : Mais enfin, vous pourriez vous excuser quand même, non ?
B : OK, OK ! Je vous ai marché sur le pied. **On va pas en faire toute une histoire, non ?**

> *A : とにかく、謝ってもいいんじゃないですか？
> B : わかった、わかった。足を踏んだくらいで、そこまで騒ぎますか？

★ marcher sur le pied は「人の足の上を歩く」→「足を踏む」。誰の足かは間接目的語で導入する。

★ en faire toute une histoire は「それによってまるまる一つの話を作り上げる」→「事を荒立てる、大げさにする」という表現。une histoire（話、大げさな話）の代わりに un plat（一品の料理）を用いて、en faire tout un plat とも言う。例：Je vois pas pourquoi il faut en faire tout un plat.（なんでそこまで大げさに言われなきゃいけないのかわからないよ。）

447 Il n'y a pas le feu au lac, non ?

[イル ニア パ ル フ オ ラック ノン]

▶ そんなに急いでどうするの？

A : Mais qu'est-ce que tu fabriques ? Ça t'arrive jamais de te dépêcher ?
B : Ça va, ça va ! **Il n'y a pas le feu au lac, non ?**

> A : いったい何してんの？ 少しは急ごうっていう気持ちはないの？
> *B : 大丈夫、大丈夫！ そんなに急いでどうするの？

★ fabriquer は「製造する」だが、ここでは「する」という意味。Qu'est-ce que tu fabriques ? は決まり文句で、相手のしていることをとがめる表現。

★ Il n'y a pas le feu au lac. は「湖に火事はない」→「そんなに珍しいものはない、だから慌てる必要はない」。慌てている人や、急いでいる相手に使うくだけた表現。On n'est pas à la minute (près).（時間通りでなくてもよい → 慌てる必要はない）という言い方もある。

202　CHAPITRE 9

448 Il ne ferait pas de mal à une mouche.
[イル ヌ フレ パ ドゥ マル ア ユヌ ムシュ]
▶ **彼は虫も殺さないような人だ。**

A : Sa femme l'accuse de violence conjugale.
B : Impossible ! Impossible ! Je le connais depuis trop longtemps. **Il ne ferait pas de mal à une mouche.**

　*A : 奥さんが家庭内暴力で彼を訴えているよ。
　　B : ありえない！ ほんと昔から知ってるけど、彼は虫も殺さないような人だよ。

★accuser: 訴える；非難する。

★Il ne ferait pas de mal à une mouche.の直訳は「彼はハエを傷つけるようなことをする人ではない」。

449 Je ne suis pas né de la dernière pluie.
[ジュ ヌ スュイ パ ネ ドゥ ラ デルニエール プリュイ]
▶ **だてに歳はとってない／それなりの経験を積んでいる。**

A : Mais à qui veux-tu faire croire ça ? **Je ne suis pas né de la dernière pluie.**
B : Crois ce que tu veux mais je te jure que c'est vrai ! Tu verras ce que je te dis.

　　A : そんなこと誰が信じるって言うの？ 僕だってだてに歳はとってないよ。
　*B : 好きにすればいいけど、でも本当なの。いずれわかるわ。

★A qui veux-tu faire croire ça ?の直訳は「誰にそんなことを信じさせたいの？」。

★Je ne suis pas né(e) de la dernière pluie.の直訳は「前回の雨のときに生まれたのではない」。Je ne suis pas né(e) d'hier.（昨日生まれたのではない）とも言う。

450 Ça a pas dû être rose tous les jours.
[サ ア パ デュ エトゥル ローズ トゥ レ ジュール]
▶ **毎日いいことばかりだったわけじゃない。**

A : Certes, ma boîte marche bien mais avant d'en arriver là, j'ai rencontré pas mal de difficultés.
B : J'imagine. **Ça a pas dû être rose tous les jours !**

　　A : 確かに僕の会社は順調だけど、ここまで来るには、かなりの苦労があったよ。
　*B : わかる。毎日いいことばかりだったわけじゃないからね！

★difficulté: 困難、苦労。rencontrer des difficultésで「困難に遭う、苦労する」。

★rose (バラ色の) で、日本語と同じく「楽しい」という意味になるが、フランス語では、否定的表現の中でよく使われる。

CHAPITRE 9

451 Sa vie est réglée comme du papier à musique.

[サ ヴィ エ レグレ コム デュ パピエ ア ミュズィク]
▶ 彼の生活は本当に規則正しい。

A : Incroyable ce prof ! Je l'ai jamais vu en retard. A croire que **sa vie est réglée comme du papier à musique.**
B : Sans parler de toutes ses manies comme son éternelle clope au bec toujours éteinte et de son café de dix heures.

*A : この先生、信じられない！ 遅刻は一回もしたことがない。まるで五線紙のように規則正しい生活だね。
 B : それに、必ず消えたタバコをくわえていたり、10時にはいつもコーヒーを飲んでいたりするような妙な習慣も合わせてね。

★réglé(e)：規則正しい；一定の。régler（取り決める）の形容詞形。
★papier à musique：五線紙。比喩表現で、生活が規則正しいことが五線紙に喩えられる。
★sans parler de ...：〜は言うまでもなく、〜は言うに及ばず。
★clope：タバコ（cigarette）の吸い殻。
★bec は「鳥のくちばし」のことだが、くだけた表現では「人の口」を指す。

452 Il passe son temps à se regarder le nombril.

[イル パス ソン タン ア ス ルガルデ ル ノンブリル]
▶ あいつはいつも自分のことしか考えない。

A : Je ne supporte plus de travailler avec Jean-Louis. **Il passe son temps à se regarder le nombril.**
B : Ben, pour quelqu'un qui se prend systématiquement pour le nombril du monde, c'est plutôt de bonne guerre.

*A : ジャン＝ルイと仕事するのはもう限界。いつも自分のことしか考えないんだもん。
 B : いつも自分が世界の中心だと思っている人間にとっては、それが当たり前なんだよね。

★passer son temps à ...：〜して時間を過ごす。
★se regarder le nombril の直訳は「自分のへそを眺める」。自己中心的な人を指して使われる。contempler son nombril とも言う。
★se prendre pour ...：自分を〜だと思う。ここでは le nombril du monde（世界のへそ）と続けて、「自分が世界の中心だと考える」となっている。
★de bonne guerre：正当な。

204　CHAPITRE 9

INDEX フランス語索引

A
à ce que je sache 155
A condition que ce soit toi qui paies ! 146
A demain ! 4
à dose homéopathique 183
à la japonaise 182
A mon avis, 63
A qui est-ce que je dois m'adresser ? 146
A quoi bon ? 66
à tous les coups 184
A un de ces jours ! 31
Absolument pas. 14
Allez-vous-en ! 118
Arrête de te faire du mal. 126
au fait 3
au juste 7
Aucune idée. 14

B
Bonjour les dégâts ! 182

C
Ça a pas dû être rose tous les jours. 203
Ça cache quelque chose ! 81
Ça commence à me plaire ! 53
Ça coûte rien d'essayer. 72
Ça date pas d'hier. 187
Ça dépend. 8
Ça donne à réfléchir. 78
Ça faisait trop longtemps ! 48
Ça fait combien ? 131
Ça fait longtemps qu'on s'est pas vus ! 33
Ça fait rêver ! 64
Ça fait rien. 23
Ça m'a fait quelque chose. 53
Ça m'a rien coûté. 135
Ça marche à merveille. 74
Ça me branche pas ! 73
Ça me changera les idées ! 137
Ça me convient. 15
Ça me défoule. 43
Ça me dérange pas. 99
Ça me dit rien. 27
Ça me fait pas peur ! 88
Ça me fait une belle jambe ! 195
Ça me rend malade ! 49
Ça me va ? 130
Ça m'emballe pas des masses. 83
Ça m'est sorti de la tête. 195
Ça m'étonnerait. 13
Ça n'avait ni queue, ni tête ! 196
Ça ne m'étonne pas du tout. 32
Ça ne te regarde pas ! 52
Ça ne tient qu'à toi de changer. 92
Ça partait d'un bon sentiment. 82
Ça peut se comprendre ! 29
Ça relève du miracle ! 48
Ça ressemble à rien. 75
Ça revient au même. 76
Ça s'appelle Reviens. 183
Ça se dit pas ! 121
Ça se finit en queue de poisson. 198
Ça serait avec plaisir mais… 110
Ça sert à rien. 72
Ça sonne occupé. 96
Ça suffit ! 38
Ça tape sacrément ! 97
Ça te dirait un ciné ? 137
Ça tombe bien. 24
Ça va aller ! 63
Ça va bien cinq minutes. 52
Ça va couper. 96
Ça vaut le coup. 71
Ça vaut peut-être mieux. 71
Ça vous embête ? 98
Ça y est ! 21
Ce n'est pas ce que j'avais commandé. 142
Ce n'est pas mon genre ! 83
Ce n'était pas une lumière ! 191
C'est bien fait pour lui. 88
C'est bien joli mais… 154
C'est ça ou rien ! 153
C'est dans le coin. 134
C'est difficile à dire. 28
C'est du joli ! 62
C'est du tout cuit ! 185
C'est d'un chic ! 68
C'est d'un minable ! 67
C'est foutu. 41
C'est incroyable ! 36
C'est le jour et la nuit. 91
C'est le moins qu'on puisse dire. 163
C'est l'occasion ou jamais. 72
C'est malheureux à dire mais… 84
C'est mieux qu'on se quitte. 171
C'est ni fait, ni à faire ! 161
C'est nul de dire ça. 81
C'est obligé. 10
C'est oui ou c'est non ? 31
C'est pas de ma faute. 87
C'est pas drôle. 46
C'est pas gagné d'avance. 80
C'est pas grave. 17
C'est pas joli joli ! 73
C'est pas la porte à côté. 111
C'est pas mes oignons ! 188
C'est pas mon truc. 74
C'est pas normal. 65
C'est pas nouveau. 64
C'est pas si mal. 69
C'est pas trop tôt ! 48
C'est pas une raison ! 154
C'est plus fort que moi. 190
C'est plutôt prévenir que guérir ! 107
C'est quasiment fini. 152
C'est quelqu'un ! 61
C'est quoi cette histoire ? 29
C'est quoi le plat du jour ? 139
C'est son père tout craché. 191

C'est sorti comme ça ! 186
C'est toujours ça de pris. 86
C'est toujours mieux que rien. 84
C'est tout. 8
C'est tout ou rien. 80
C'est très gentil. 18
C'est un bien grand mot ! 189
C'est un des endroits les plus branchés de Paris. 147
C'est un mouton de Panurge. 193
C'est un peu léger. 79
C'est un vrai frigo ! 98
C'est une bonne idée. 69
C'est une cata ! 43
C'est une mine de renseignements. 190
C'était ça ou la porte. 160
C'était la moindre des choses. 106
C'était super sympa ! 62
C'était un peu gros ! 188
Chacun voit midi à sa porte. 91
chéri 168
Comme ça on est quittes. 108
Comme plan drague, j'ai déjà vu plus original ! 178
comme quoi 11
comme un malade 182
Comment tu veux que je le sache ? 34
Crois-moi. 6

D
D'accord avec toi ! 20
Dans mon cœur, il n'y a que toi ! 177
De quoi je me mêle ? 125
de toute façon 16
décidément 2
Demain, il fera jour ! 187
Depuis quand c'est interdit ? 186
dis-donc 3
Dis-moi, 5
du jour au lendemain 184

E
Elle fera l'affaire. 153
Elle l'a pris la main dans le sac. 177
Elle le menait par le bout du nez. 178
Elle se noie dans un verre d'eau. 200
Elle va succomber à tes charmes ? 173
Elles sont canons ! 68
Elles sont en train de rendre l'âme. 200
En panne sèche ? 132
Est-ce qu'il y a des navettes ? 141
Et alors ? 9
Et basta ! 14
Et pourquoi donc ? 17

F
Fais gaffe. 118
Fais-moi rire ! 43
Faites la queue. 118
Faut pas rêver ! 120
Faut pas te gêner avec moi ! 126
Faut que je file. 100

G
Génial ! 36

I
Il a piqué une crise. 51
Il a retourné sa veste. 192
Il est bête comme ses pieds. 164
Il est comme un poisson dans l'eau. 198
Il est complètement parti. 136
Il est près de ses sous. 111
Il était moins une ! 185
Il faut s'habiller comment pour y aller ? 112
Il n'arrive jamais à joindre les deux bouts. 113
Il ne ferait pas de mal à une mouche. 203
Il n'en est pas question. 87
Il n'y a pas de lézard. 194
Il n'y a pas de quoi ! 33
Il n'y a pas de quoi rire ! 57
Il n'y a pas le feu au lac, non ? 202
Il n'y a pas mort d'homme. 194
Il n'y a rien à jeter ! 89
Il passe son temps à se regarder le nombril. 204
Il repassera. 61
Il répond du tac au tac. 197
Il se met le doigt dans l'œil. 199
Il sera là d'une minute à l'autre. 112
Ils sont faits l'un pour l'autre. 173
Inutile ! 60

J
J'accroche pas trop ! 65
J'ai appris que tu t'étais remarié. 175
J'ai bien récupéré de mon décalage horaire. 143
J'ai des doutes sur tes sentiments. 173
J'ai été ravi de te revoir. 32
J'ai le cou bloqué. 102
J'ai le dos en compote. 104
J'ai pas les moyens. 101
J'ai pas une minute à moi. 110
J'ai perdu une belle occasion de me taire. 201
J'ai tout donné. 67
J'aime tes yeux. 169
J'aimerais bien avoir une augmentation. 158
Jamais de la vie ! 28
J'aurais dû faire plus d'efforts. 54
J'avais l'intention de le faire. 109
J'avais prévu le coup ! 79
Je connais les bases. 102
Je craque ! 40
Je démissionne de ma boîte. 159
Je dis ça pour rire ! 30
Je fais le maximum. 78
Je jette juste un coup d'œil. 139
Je l'ai eu pour trois fois

rien. 144	Je suis désolée. 25	Les mots sont une preuve d'amour ? 174
Je l'ai sur le bout de la langue. 201	Je suis lessivé. 95	
Je manque de sommeil. 100	Je suis nul en cuisine. 106	**M**
Je me sens lourd. 102	Je suis plus à ça près ! 55	Ma valise a été abimée. 136
Je me sens tout chose. 171	Je t'aime comme tu es. 172	Mais quelle idée ! 44
Je me suis fait jeter ! 170	Je te dis pas. 46	Mais qu'est-ce qui m'a pris de faire ça ? 58
Je me suis fait rouler. 138	Je te faisais marcher. 187	Merci pour tout ! 18
Je m'en fiche. 65	Je te jure ! 19	Mettez ça sur ma note, s'il vous plaît. 146
Je m'en fous de tout ! 50	Je te raccompagne. 168	
Je m'en mords la langue ! 52	Je t'en ai voulu à mort. 56	Mettez-vous à l'aise. 123
	Je vais aller lui dire deux mots. 198	moi, à ta place, 70
Je m'en veux. 41		Mon œil ! 38
Je m'ennuie. 38	Je voudrais bien t'y voir. 85	Mon sang n'a fait qu'un tour ! 55
Je m'excuse. 13	Je voudrais faire une déclaration de perte. 145	
Je n'arrête pas de me faire brancher par des types inintéressants. 179		**N**
	Je voudrais recharger mon portable. 110	Ne m'attendez pas pour dîner. 105
Je n'arrive pas à la faire sortir de ma tête. 178	Je vous en prie. 29	Ne quittez pas ! 152
	Je vous propose de mettre un terme à cette réunion. 166	Ne t'attache pas trop à moi ! 174
Je ne demande pas mieux. 82		Ne te fatigue pas. 122
Je ne sais pas à quoi m'en tenir. 92	Je vous ressers ? 97	Ne te rends pas malade. 125
	J'en ai marre. 45	
Je ne sais plus où j'en suis ! 58	J'en ai pas la moindre idée. 162	Ne t'emballe pas ! 119
		Ne t'embête pas ! 121
Je ne suis pas branché. 87	J'en ai pas pour longtemps. 105	Ne t'en mêle pas ! 123
Je ne suis pas né de la dernière pluie. 203		N'en parlons plus. 119
	J'en ai peur ! 41	N'essayez pas de noyer le poisson. 127
Je ne te le fais pas dire ! 34	J'en ai rien à faire ! 51	
Je ne veux plus te revoir ! 172	J'en reviens pas ! 45	N'importe quoi ! 37
	J'étais ailleurs. 94	
Je n'y manquerai pas. 26	Jeté comme une vieille chaussette. 160	**O**
Je peux caler un rendez-vous. 157		Occupe-toi de tes oignons ! 124
	justement 3	
Je peux plus rien avaler. 136	J'y arrive pas ! 25	On arrose son anniversaire. 135
Je prendrais bien un petit quelque chose. 112	J'y crois pas ! 16	
	J'y crois qu'à moitié. 77	On bosse comme des malades. 159
Je regrette de ne pas pouvoir rester plus longtemps. 114	J'y peux rien. 26	
	J'y tiens pas trop. 103	On bouge ? 130
	J'y vois pas d'inconvénient. 99	On croyait trop au Père Noël. 196
Je repasserai plus tard. 153		
Je serai à la hauteur. 157		On dirait qu'il va pleuvoir ! 108
Je serai de retour dans une heure. 165	**L**	
	La question ne se pose pas ! 89	On fait moitié-moitié ? 133
Je suis à bout ! 47		On n'a rien sans rien ! 85
Je suis à découvert. 101	La reprise n'est toujours pas au rendez-vous. 166	On ne vit qu'une fois. 86
Je suis à sec. 101		On peut aller manger un morceau. 140
Je suis à temps plein. 158	Lâche-moi les baskets ! 124	
Je suis classe, non ? 71	Laisse tomber ! 117	On peut faire l'aller-retour dans la journée ? 144
Je suis crevé. 95	Laissez-le comme ça ! 133	
Je suis de passage. 135	Le directeur est en réunion. 156	
Je suis débordé. 151	Le Japon te manque ? 103	

INDEX 207

On poireaute. 94
On pourrait se faire une soirée ? 140
On prend un aller simple ? 138
On sait jamais. 22
On se fait la bise. 30
On s'est perdus de vue. 104
On va pas aller loin. 190
On va pas en faire toute une histoire, non ? 202
Où est-ce que je peux récupérer mes bagages ? 147
Où est-ce qu'on peut acheter à manger ? 145

P
Pas de panique. 119
Pas grand-chose. 7
Pas qu'un peu. 132
Passe le bonjour à tes parents. 32
Petit veinard ! 39
Point barre ! 9
pour être franc 23
pour un oui ou pour un non 197
Pour une fois que je te demande quelque chose. 128
Pourquoi ne pas vivre ensemble ? 172
Pourquoi pas ? 6
Pourquoi tu dois toujours ramener ta fraise ? 199
Pourquoi tu reviens sur ça ? 31
Première nouvelle ! 13
Prenez votre temps. 121
Promis ! 2

Q
Quand on pense que… 47
Que faire d'autre ? 66
Quel trouillard ! 62
Quelle belle journée ! 42
Quelle bonne nouvelle ! 44
Quelle mouche te pique ? 50
Qu'est-ce que ça donne ? 156
Qu'est-ce que j'ai bien pu faire de mes clés ? 114
Qu'est-ce que je suis pour toi ? 177
Qu'est-ce que t'attends pour m'embrasser ? 175
Quoi de neuf ? 19

R
Rappelez-moi. 150
Regarde voir. 116
Revenons à nos moutons. 155
Rien à dire ! 15
Rien que ça !? 42
Rien que du bonheur ! 49

S
Sa vie est réglée comme du papier à musique. 204
Sans problème ! 12
sans rire 11
si ce n'est pas trop vous demander 127
Si c'est pas malheureux d'entendre ça ! 56
Si tu me quittes, je n'ai plus de raison d'être. 179
si tu veux 24
Soyez sympa. 117
Sur place. 130

T
Tant pis. 40
T'as du réseau ? 96
T'as intérêt à prendre des gants. 90
T'as le temps de prendre un verre ? 143
T'as raison. 5
T'as vu ? 7
T'avais vu juste ! 21
Te fâche pas pour si peu ! 125
T'en fais pas ! 120
T'en fais une tête ! 49
T'en penses quoi ? 20
T'en rates pas une ! 76
Tenez, 2
T'es gonflé ! 39
T'es marrant. 60
T'es né hier ou quoi ? 189
T'es pénible ! 40
T'es sur Facebook ? 97
T'inquiète ! 116
T'occupe pas ! 117
T'oublier, c'est impossible ! 169
Tout baigne. 151
Tout est fait main ? 133
Tout est fini entre nous ! 170
Tout est rentré dans l'ordre. 81
Très juste ! 6
Très peu pour moi ! 70
Tu as eu mon message ? 156
Tu as fait une bonne affaire ? 161
Tu as mangé du lion ? 194
Tu as quelque chose de prévu ? 141
Tu chopes la crève à tous les coups ! 113
Tu commences à me chauffer les oreilles ! 57
Tu débarques ou quoi ? 186
Tu es de quel côté ? 54
Tu es d'une naïveté ! 77
Tu es mauvaise langue ! 78
Tu fais pas un régime ? 107
Tu lui as tapé dans l'œil. 176
Tu me poses un lapin. 193
Tu m'étonnes ! 12
Tu nages dedans ! 131
Tu n'as pas l'air bien. 104
Tu n'as qu'à essayer de lui parler. 176
Tu parles ! 10
Tu penses à moi ? 169
Tu perds pas le nord. 192
Tu peux faire court. 122
Tu peux me dépanner ? 123
Tu plaisantes ? 37
Tu pourrais pas me filer un coup de main ? 128
Tu sais, 4
Tu sais quoi ? 15
Tu sors avec lui ? 170
Tu te fais combien par mois ? 162
Tu te rends compte. 27
Tu t'es fait mal ? 100
Tu vas voir. 21
Tu veux rire ! 42
Tu voudrais nous quitter pour la concurrence ? 165
Tu y regarderas à deux

fois. 90

U
Un demi, s'il vous plaît. 137

V
Viré ! 150
Voilà, c'est fait. 22
Vous auriez le même en d'autres couleurs ? 141
Vous auriez une place côté fenêtre ? 139
Vous avez fait du bon boulot ! 164
Vous de même. 26
Vous êtes bien installés maintenant ? 109
Vous êtes l'homme de la situation. 163
Vous n'êtes pas arrivé ! 134
Vous nous mettrez aussi une carafe d'eau. 142
Vous pourriez me faire un paquet cadeau ? 143

Y
Y a de l'idée. 73
Y a pas photo. 75

INDEX 日本語索引

あ
あいかわらず抜けてるね。 76
あいつはいつも自分のことしか考えない。 204
あいつは付和雷同するヤツだ。 193
赤字だ。 101
当たってたね！ 21
頭から抜けてた。 195
あなた 168
あなたが払うんならね！ 146
あなたならこの状況を解決してくれる。 163
あなたにとって私って何？ 177
あなたには関係ない！ 52
あなたの気持ちを疑いたくなる。 173
あのね。 15
危ないところだった！ 185
アポイントを設定できます。 157
雨が降りそう！ 108
ありえない。 13
ありがたいのですが… 110
ありのままの君が好きなんだ。 172
あんまり興味ない。 83
あんまりそりが合わない。 65

い
いいアイデアだ。 69
いい加減にして！ 38, 52
いい感じでしょ？ 71
いい気味だ。 88
いい仕事をしたね！ 164
いい、それともだめ？ 31
いい取引になった？ 161
いいね！ 6, 36
いいよ。 12
言うことなし！ 15
胃が重い感じがする。 102
行かなきゃ 100
いくらになりますか？ 131
以上。 9
いずれにしても 16
忙しい。 151
急ぐ必要はない！ 187
1時間以内に戻ります。 165
1日で往復できますか？ 144
一文無しだ。 101
一夜のうちに 184
一緒に暮らさない？ 172
いったいあなた何歳なの？ 189
いったいなんで？ 17
いったいなんでこんなことしちゃったんだろう？ 58
いったい何の話？ 29
イッチャってる。 136
いつになったらキスしてくれるの？ 175
一杯飲む時間ある？ 143
いつものことだ。 64
意味不明。 75
いやだ。 46
いろいろありがとう！ 18
色違いはありますか？ 141

う
浮かない顔だね。 49
嘘つけ！ 38
うまくいくに決まってる！ 185
うまくいくよ！ 63
うるさいなあ！ 40
うんざりだ。 45

え
映画なんてどうかな？ 137
えっと 4
遠慮することないよ！ 126

お
おかしいよ。 65
おかしくなりそう！ 49
お金に余裕がない。 101
お代わりはいかがですか？ 97
送って行くよ。 168
お互い別れたほうがいい。 171
落ち着いて！ 119
驚いた！ 45
驚きなのは… 47
お願いですから。 117
お払い箱にされた。 160
面白いね。 60
終わった。 41

か
会議は終わりにしようか。 166
会社をやめることにした。 159
変えられるかどうかは自分次第。 92
顔色がよくないみたいだね。 104
鍵、どこにやっちゃったんだろう？ 114
ガス欠だ。 132
風邪ひくに決まってる！ 113
片道切符にする？ 138
必ずそういたします。 26
かなり遠い。 111
かなり前からだ。 187
彼女、あなたの魅力に落ちそう？ 173
彼女のことが頭から離れない。 178
彼女は彼を振り回していた。 178
彼女はちょっとしたことでふたする。 200
彼女は適任です。 153
かまいません。 99
カラフの水もいただけますか。 142
彼と付き合ってるの？ 170
彼に気に入られてたね。 176
彼に話しかけてみなよ。 176
彼の生活は本当に規則正しい。 204
彼の誕生日のお祝いに飲みに行こう。 135
彼はいつもやりくりに苦しんでいる。 113
彼はカッとなった。 51
彼は完全に酔っぱらってる。 136
彼はケチだ。 111
彼はだめだ。 61
彼は父親と瓜二つだ。 191
彼は手のひらを返したように意見を変えた。 192
彼は水を得た魚のようだ。 198
彼は虫も殺さないような人だ。 203
彼は無能だ。 164
完璧！ 89

き
基礎はあります。 102
きちんと考えてみるきっかけになる。 78
きっと 184
きっと大丈夫だよ！ 63
気分転換になりそう！ 137
君がいなくなったら、もう生きている意味ないよ。 179

君がそうするのを見てみたい
　よ。　　　　　　　　　　85
君の瞳が好きだ。　　　　169
君を忘れるなんて、不可能！169
給料を上げてほしいなあ。158
興味ない。　　　　　73, 87
極端だ。　　　　　　　　80
切らずにお待ちください。152
切り返し方がうまい。　　197
気をつけて。　　　　　　118

く
くたくただ。　　　　　　95
口が悪いなあ！　　　　　78
口出ししないでくれる？　125
口出しするな！　　　　　124
グッド・ニュース！　　　44
首が動かない。　　　　　102
クビになった！　　　　　150
悔しい。　　　　　　　　41
詳しいことがわからない。190

け
経済は一向に回復する気配はな
　い。　　　　　　　　　166
携帯を充電したいんだけど。110
けがした？　　　　　　　100
結局同じことだ。　　　　76
結構いいよ。　　　　　　69
げんなりした。　　　　　46
現場を押さえた。　　　　177

こ
後悔してる！　　　　　　52
声をかけてくるのはどうでもい
　い男ばかり。　　　　　179
ここはパリで一番はやりの場所
　のひとつだよ。　　　　147
ここまで出かかってるんだけ
　ど。　　　　　　　　　201
心当たりがない。　　　　27
心にはあなたしかいない！177
ご親切にありがとうございま
　す。　　　　　　　　　18
言葉で愛が証明できる？　174
この近くにあります。　　134
この任に励むようにいたしま
　す。　　　　　　　　　157
ご迷惑ですか？　　　　　98
ご面倒でなければ　　　　127
ご両親によろしく伝えて。32
これで貸し借りなしだ。　108
これは何かあるね！　　　81

これはひどい！　　　　　62
こんなこと言うのは残念だけ
　ど…　　　　　　　　　84
こんなこと聞くなんて残念！56
こんなこともあるかと思ってた
　んだ。　　　　　　　　79

さ
さあ　　　　　　　　　　2
さあ、できた。　　　　　22
最悪だ！　　　　　　　　43
最高にお似合いの二人だ。173
再婚したんだってね。　　175
冴えはなかった！　　　　191
先行き不透明だ。　　　　80
さっぱりわからない。　　14
賛成！　　　　　　　　　20
残念ですが、あまりゆっくりし
　ていられないのです。　114

し
仕方がない。　　　　　　26
時差ぼけはかなり治った。143
実際のところ　　　　　　7
知ったことじゃない！　50, 188
質問するまでもない！　　89
死ぬほど恨んだ。　　　　56
自分でももうわからない！58
自分を責めるのはやめなよ。126
シャトルバスはあります
　か？　　　　　　　　　141
しょうがないよ。　　　　40
正直言って　　　　　　　23
冗談で言ってるだけだよ。30
冗談でしょ？　　　　37, 42
冗談抜きで　　　　　　　11
情報の宝庫だ。　　　　　190
尻切れトンボだ。　　　　198
支離滅裂！　　　　　　　196
知るもんか！　　　　　　51
知るわけないでしょ？　　34
信じられない。　　16, 27, 36
人生は一度だけ。　　　　86
慎重にしたほうがいいよ。90
心配しないで。　116, 120, 125
心配だ！　　　　　　　　41

す
睡眠不足だ。　　　　　　100
ずうずうしい！　　　　　39
スーツケースが壊れました。136
すかっとする。　　　　　43
すごい！　　　　　　36, 46

ずさんな仕事だ！　　　　161
すっかり元どおり。　　　81
すっごくおしゃれ！　　　68
素敵だ！　　　　　　　　64
全て手作りですか？　　　133
全てを出し切った。　　　67
すみません。　　　　　　13

せ
精一杯やっている。　　　78
成果はどう？　　　　　　156
盛大にやろう。　　　　　132
絶対そんなことない！　　28
絶対に違う。　　　　　　14
背中がすごく痛い。　　　104
全然違う。　　　　　　　91
選択の余地はない。　　　153

そ
そうしたいのはやまやまだけ
　ど。　　　　　　　　　82
そうしなければ、クビだっ
　た。　　　　　　　　　160
そこまで!?　　　　　　　42
そこまで大げさに言いたてる必
　要があるの？　　　　　202
そのくらいはしないといけな
　かったから。　　　　　106
そのとおり！　　　　5, 6, 34
そのパワー、どこから湧いてき
　たの？　　　　　　　　194
そのほうがいいかもね。　71
そのままで結構です。　　133
そりゃそうでしょ。　　12, 29
それだけだ。　　　　　　8
それだけの価値がある。　71
それで十分！　　　　　　14
それで全てだ。　　　　　8
それなりの経験を積んでい
　る。　　　　　　　　　203
それはかなり大げさだ！　189
それは結構ですが…　　　154
それは確かだ。　　　　　163
それはだめだ！　　　　　73
それほどほしくない。　　103
それ、もう御陀仏だよ。　200
それを言うのは難しい。　28
そろそろ出ようか？　　　130
そんなこと言うなんて最低。81
そんなこと言っちゃだめだ
　よ。　　　　　　　　　121
そんなことしたって何にもなら
　ない。　　　　　　　　66

INDEX　　211

そ
そんなささいなことで怒るなよ！	125
そんなに急いでどうするの？	202
そんなのごめんだ！	70
そんなばかな！	38

た
ダイエットしないの？	107
退屈だ。	38
滞在しているだけです。	135
大したことないよ。	17, 194
大失敗！	43
大丈夫。	17, 23, 116, 120
だから何？	9
確かに。	5
助けてくれる？	123
ただ同然だった。	135, 144
だてに歳はとってない。	203
頼みますから。	117
頼んだものと違うのですが。	142
食べ物を買える場所はありますか？	145
たまには頼みを聞いてよ。	128
試してみたら？	72
だめだなんていつ決まった？	186
だるい。	102
だんだん、いらいらしてきた！	53
だんだん、いらいらしてくるんだよ！	57

ち
着想は面白い。	73
ちゃっかりしてるね。	192
ちゃんと返してよ。	183
ちょうどよかった。	24
ちょっと	3
ちょっとしたことで	197
ちょっとだけ何かもらおうかな。	112
ちょっと手伝ってくれない？	128
ちょっとひっかけてみた。	187
ちょっと見ているだけです。	139
ちょっと物足りない。	79

つ
つい言ってしまった！	186
ついそうしてしまう。	190
ついてるなあ！	39
ついに！	21

て
月にいくら稼いでるの？	162
都合がいい。	15

て
手がふさがっている。	151
できない！	25
でしょ？	7
出てください！	118
手短に話して。	122
店内で食べます。	130
電波ある？	96
電話が切れるよ。	96

と
どういたしまして。	29, 33
どう思う？	20
どうしようもない。	7, 26
当然だよ。	10, 12
どうぞ。	29, 99
どうぞあなたも。	26
どうぞ楽になさってください。	123
どうだっていい。	50, 65, 195
どうってことない！	88
どうなるかわからない。	92
どこで荷物を引き取れますか？	147
ところで	3
突然	184
どっちの味方なの？	54
とっても順調。	74
とってもよかった！	62
どなたに問い合わせをしたらいいですか？	146
とにかく	16
とんでもない！	87
どんな格好で行けばいいの？	112

な
ないよりはましだ。	86
治すより予防しよう！	107
長いこと待たされる。	94
長くはかからないよ。	105
なかなかの人だ！	61
情けない！	67
何言ってるの！	10
何かあった？	19
何か軽く食べに行こう。	140
何か予定ある？	141
何もしなければ何も得られない。	85
何もないよりはまし。	84

な
生ビールをお願いします。	137
何だか悲しくなった。	53
何だかどきどきする。	171
なんだ、知らないの？	186
なんでいつも口出ししてくるの？	199
なんてお人好しなの！	77
なんで急に怒りだすの？	50
なんでまたその話なの？	31
何の意味もない！	195
何の不思議もない。	32
何の問題もありません。	194
ナンパのセリフなら、もっとましなのがあるんじゃない？	178

に
似合う？	130
日本が恋しくない？	103
日本風に	182

ね
ねえ	3, 4, 5, 168

は
場合による。	8
パーティしない？	140
ばかみたいに	182
はっきり言いに行くよ。	198
はっきりしている。	75
初耳！	13
話し中だ。	96
話は終わりだ。	9
話をそらさないでください。	127
万事順調。	81, 151
半信半疑だ。	77

ひ
久しぶり！	33
必死で働いてるのに。	159
ひどい勘違いをしている。	199
ひどいことになる！	182
ひょっとしたらってこともあるよ。	22

ふ
フェイスブックやってる？	97
ぶかぶかだよ！	131
部長は会議中です。	156
ふられた！	170
フルタイムで働いています。	158
プレゼント用の包装をしていただけますか？	143

紛失届を出したいのですが。	145

へ
部屋につけてください。	146

ほ
ぼーっとしてた。	94
頬にキスをしましょう。	30
ほかに何ができる？	66
僕の趣味じゃない。	74
ほっといてよ！	117, 124
ほっときなよ！	117
ほぼ完成しています。	152
ほら	2, 4
ほらね。	7
ぼられた。	138
本日の定食は？	139
本題に戻ろう。	155
本当だってば！	19
本当だよ。	6
本当に寒い！	98
本当に幸せな気分！	49
本当に素晴らしい一日！	42
本当に疲れた。	95
本当に動転した。	55
ほんの少し	183

ま
まあ、すぐにわかるよ。	21
参っちゃう！	49
参ってる！	40
毎日いいことばかりだったわけじゃない。	203
まさか！	13, 38
まさに	3
まさに奇跡だ！	48
また会えてよかった。	32
また明日！	4
また後で寄ります。	153
またいつか！	31
またか！	48
またとないチャンスだよ。	72
まだまだですよ。	134
まったく	2, 3
全く考えがありません。	162
全く時間がない。	110
まったく何考えてんの！	44
全くの無駄。	72
窓側の席はありますか？	139

み
見え見えだった！	188
見方はそれぞれだね。	91
見てきて。	116
みんな美人だね！	68

む
無邪気に信じてた。	196
無駄だよ！	60
むちゃくちゃ暑い！	97
むちゃくちゃな！	37
むちゃくちゃに	182
無理しなくていいよ。	122

め
メッセージ受け取った？	156

も
もう会いたくない。	172
もう限界。	47
もうこれ以上は何も入らない。	136
申し訳ありません。	25
もうすぐ来るよ。	112
もうすっかり落ち着いた？	109
もうその話はやめよう。	119
もうだめだ。	41
もうどうだっていい。	55
もう私たちは終わったの！	170
もしよかったら	24
もし私だったら	70
もっと努力するべきだった。	54
問題ありません。	99
問題なし！	12

や
約束だよ！	2
約束をすっぽかしたね。	193
やった！	21, 22
やっとだ！	48
やっぱり	2, 11, 21
やろうと思ってたのに。	109

ゆ
夕食は待ってくれなくていいよ。	105
ゆっくりどうぞ。	121
夢見てんじゃないよ！	120

よ
よかれと思ってしたんだけど。	82
よく考えたほうがいい。	90
余計なお世話！	123
余計なことを言ってしまった。	201
弱虫だな！	62

ら
ライバル社に転職するの？	165

り
リマインドしてください。	150
理由になってない！	154
料理はからっきしだめだ。	106

れ
列に並んでください。	118
連絡がなくなった。	104

わ
わざわざいいよ。	121
私がそんなことするわけがない。	83
私の意見では	63
私のこと想ってくれてる？	169
私のこと、そんなに好きにならないで！	174
私の知る限りでは	155
私のせいじゃない。	87
笑いごとじゃない！	57
笑わせる！	43
割り勘にしようか？	133

〈著者紹介〉

パトリス・ルロワ（Patrice Leroy）
フランス教育省所属、慶應義塾大学訪問講師。パリ13大学卒業。NHK「テレビでフランス語」「まいにちフランス語」講師を務める。映画監督、俳優としても活躍。著書に『フランス語会話とっさのひとこと辞典』（監修、DHC）など。

國枝孝弘（くにえだ たかひろ）
慶應義塾大学総合政策学部教授。文学博士。NHK「テレビでフランス語」「まいにちフランス語」講師を務める。著書に『基礎徹底マスター！ フランス語練習ドリル』（NHK出版）、『耳から覚えるカンタン！ フランス語文法』（駿河台出版社）など。

気持ちが伝わる！ フランス語リアルフレーズ BOOK

2014年8月 1 日　初版発行
2016年1月11日　　3刷発行

著者
パトリス・ルロワ
國枝孝弘
© Patrice Leroy and Takahiro Kunieda, 2014

KENKYUSHA
〈検印省略〉

発行者
関戸雅男

発行所
株式会社　研究社
〒102-8152　東京都千代田区富士見2-11-3
電話　営業(03)3288-7777(代)　編集(03)3288-7711(代)
振替　00150-9-26710
http://www.kenkyusha.co.jp/

印刷所
研究社印刷株式会社

装幀・中扉デザイン
Malpu Design（清水良洋・李生美）

装画・中扉挿画
トヨクラタケル

本文デザイン
株式会社インフォルム

校閲
三武未由羽

ISBN 978-4-327-39427-1　C0085　　Printed in Japan